JOHANNA CONSTANTINI
ABSEITS

JOHANNA CONSTANTINI

Abseits
... aus der Sicht einer Tochter

Seifert Verlag

Umwelthinweis:

Dieses Buch und der Schutzumschlag wurden auf chlorfrei gebleichtem
Papier gedruckt. Die Einschrumpffolie – zum Schutz vor Verschmutzung – ist aus
umweltverträglichem und recyclingfähigem PE-Material.

2. Auflage
Copyright © 2020 by Seifert Verlag GmbH, Wien

Trotz aufwendiger Recherche war es uns nicht möglich, bei Drucklegung des
Buches jeden einzelnen Urheber der abgedruckten Fotos ausfindig zu machen.
Der Verlag bittet um Verständnis dafür und wird gegebenenfalls
Urheberrechtsansprüche in angemessener Form nachträglich abgelten.

Umschlaggestaltung Michi Schwab, UnionWagner, Wien, unter Verwendung
eines Fotos von Intersport
Textlayout und Satz: Jakob Salner, Berlin
Verlagslogo: © Padhi Frieberger
Druck und Bindung: CPI books GmbH, Leck
ISBN: 978-3-904123-35-8

INHALTSVERZEICHNIS

für alle, die verstehen möchten

Wenn nichts anderes gilt, als den Moment zu leben.
Weil jener Moment im nächsten Moment bereits in
Vergessenheit geraten könnte.

Johanna Constantini, 2020

„Abseits"
von Johanna Constantini

„Abseits" – ein paradigmatischer Titel – und nicht nur für Fußballfans ein Reizwort. Über keine Entscheidung beim Fußballspiel wird so heftig diskutiert und debattiert. Je nach Standpunkt.

Das Buch „Abseits" von Johanna Constantini, Tochter des ehemaligen Fußballnationaltrainers und Fußballprofis Didi Constantini, ist nie belehrend, besserwisserisch oder gar reißerisch. Die Tochter beschreibt mit großer Empathie persönliche Begegnungen und Erlebnisse in der Familie, zwischen Vater und Tochter und mit der Öffentlichkeit. Die Autorin lässt die Leser dadurch an einer persönlichen Lebensgeschichte intensiv teilhaben.

Manchmal ist es wie ein langsamer Sturm. Die Wucht der Erkrankung umfasst den Patienten, die Familie, das gesamte dementielle Umfeld. Es gibt inzwischen gute epidemiologische Daten über dementielle Erkrankungen. Wir wissen vieles über die Häufigkeit, über die Ursachen und vorbeugende Maßnahmen. Die Anzahl der Menschen mit Demenz wird weiter steigen, dabei ist das Alter der größte Risikofaktor.

Die allgemeinen statistischen Daten sollen nicht den Blick auf den einzelnen Patienten verdecken. Didi Constantini, ein Betroffener, der in der Öffentlichkeit steht, kann die Dimension einer Demenzerkrankung für viele erkennbar machen. In diesem Buch wird deutlich, dass ein an Demenz erkrankter Mensch trotz der Erkrankung ein Mensch mit charakteristischen Eigenschaften bleibt. Niemals sollten wir Menschen auf die Erkrankung reduzieren – auch nicht Menschen mit Demenz.

Ein Leben besteht aus vielen Erinnerungen, aus Episoden, die wir intensiv erlebt haben. Besonders Fußballfans werden sich detailreich an Didi Constantini erinnern, werden die fußballerischen Freuden im Gedächtnis wieder erleben. Genau so versuchen auch Menschen mit Demenz sich an Episoden der Vergangenheit zu erinnern. Nur, insbesondere bei der Alzheimerkrankheit, können sie die vergangenen Episoden nicht mehr oder nur bruchstückhaft im Gedächtnis finden.

Erlebnisse können nicht mehr gespeichert werden, alte Erinnerungen gehen langsam verloren.

Es ist, wie es ist. Die Erkrankung ist belastend, besonders durch Verhaltensauffälligkeiten, die im Rahmen einer Demenzerkrankung auftreten können. Es gibt aber auch die schönen Momente, in denen persönliche Begegnung möglich ist – vielleicht nur für kurze Augenblicke. Solche Momente sind in diesem Buch viele beschrieben.

Josef Marksteiner
Innsbruck, im Juni 2020

Einleitung

„Du musst immer wissen, wer der Schiedsrichter ist", war eine der Fußballweisheiten, die meine Oma zum Besten gab. Sie musste es ja wissen, schließlich war sie Zeit ihres Lebens von vielen fußballbegeisterten Männern umgeben gewesen. Einer davon ihr zweitältester Sohn. Mein Papa. Didi Constantini. Einstiger Profifußballer, Trainer so ziemlich jeder österreichischen Bundesliga- und nicht zuletzt der Österreichischen Nationalmannschaft. Liebender Papa, toller und fürsorglicher Familienmensch. Geisterfahrer und Betroffener. Betroffener einer Demenzerkrankung, wie so viele andere. Einer Erkrankung, die die meisten Menschen ins Abseits zu stellen droht. In eine Position, über die auch am Rasen immer die Schiedsrichter entscheiden. Was das Spielfeld des Lebens betrifft, so sind wir alle jene Schiedsrichter. Denn nicht nur wir als Angehörige, sondern auch wir als Gesellschaft bestimmen letzten Endes darüber, ob demenzkranke Menschen im Abseits stehen müssen oder nicht. Wir als Angehörige und wir als Gesellschaft legen fest, wann Betroffene vom Platz gar verwiesen werden sollen. Um nicht mehr teilnehmen zu dürfen. Am Spiel und am Leben.

Mehrere Motive haben mich zu diesem Buch bewogen. Einerseits dienen meine Zeilen der persönlichen Aufarbeitung familiärer Geschehnisse, wie sie sich zuletzt in meinem Leben zugetragen haben. Dabei spreche ich vor allem von jenem Unfall, den Papa im Juni 2019 als Geisterfahrer verursacht hatte. Und in dessen Folge ihm die Diagnose einer Demenz, im Speziellen die einer Alzheimer-Erkrankung attestiert worden war.

Auch zur Klärung offener Fragen zu jenen Geschehnissen, die das öffentliche Interesse über alle Maßen beschäftigt haben, sollen die folgenden Seiten beitragen. Und nicht zuletzt sollen sie über Demenzerkrankungen aufklären: Ich möchte bewusst Einblicke in Papas Leben wie auch in unsere Familiengeschichte und unseren ganz persönlichen Umgang mit dem Schicksalsschlag gewähren. Einem Schicksalsschlag, wie er viele Menschen ereilt. Menschen, mit denen ich nicht zuletzt in meiner Rolle als Psychologin in Kontakt trete, mit denen ich persönliche Herausforderungen aufarbeite. Schließlich gibt es in beinahe jeder Familie einen oder gar mehrere Fälle psychischer Erkrankungen. Vor allem dementielle Erkrankungen nehmen stetig zu.

Während sich mein Buch sowohl an Betroffene als auch an Angehörige und die Gesellschaft richtet, möchte ich mit meinen Zeilen keinen wissenschaftlichen Ratgeber liefern. Eher als professionelle Expertentipps will ich meine bzw. unsere persönlichen Sichtweisen und Strategien im Umgang mit der Erkrankung preisgeben. An die Öffentlichkeit zu gehen war uns als Familie auch deshalb wichtig, um Vorbild sein zu können.

Dass eine Demenzerkrankung viele Herausforderungen für Betroffene und auch für Angehörige mit sich bringt, ist und bleibt unbestritten. Dass diese Erkrankung aber auch neue Möglichkeiten und Chancen für zahlreiche gemeinsame Momente birgt, möchte ich nicht zuletzt am Beispiel unserer Familie zeigen.

Letztlich ist dieses Buch also der Versuch, persönliche und berufliche Denkanstöße zu vereinen, um demenzkranke Menschen ihre Positionen selbst wählen zu lassen. Sie vor allem nicht ins Abseits zu stellen, ihnen vielmehr so gut wie nur möglich ein Dasein auf dem Spielfeld des Lebens zu erhalten.

Dafür schreibe ich. Als Psychologin. Und als Tochter.

KAPITEL 1

Auf bald, Schmetterling

Der Wald riecht noch frisch. Ein wenig nach Frühling. Obwohl die Sonne für diese frühen Stunden bereits recht hoch steht. So wie Anfang Juni eben üblich. Die warme Jahreszeit hielt bisher noch zögerlich Einzug, sodass der Waldboden in diesem Jahr später als normal sein frisches, sattes Grün zeigt. Doch was ist schon normal? Diese Frage wird mich in meinem Buch, von dem ich heute noch nicht genau weiß, wo es mich hinführen wird, wohl noch einige Male beschäftigen. Der weiche Waldboden trägt mich Meter für Meter durch das vom späten Frühlings- und frühen Sommerlicht durchflutete Dickicht der Tannenbäume. Meter für Meter lasse ich hinter mir, begleitet von meinem vierbeinigen Partner.

Wir laufen, und meine Gedanken schweifen ab. So wie sie es immer tun, wenn ich dieser – einer meiner liebsten sportlichen – Betätigungen nachgehe. Beim Laufen konnte ich schon immer wunderbar abschalten. Eine Gabe, die mir dieser Tage sehr zugute kommen soll. Ich blicke durch das Geäst, mir fallen die vielen Eichhörnchen auf, die hurtig die Baumstämme hinaufklettern, ihre Augen, und damit auch ihre wachsame Aufmerksamkeit immer wieder auf meinen Vierbeiner und mich gerichtet. Auf unsere kleine Laufgemeinschaft sozusagen. Trotz ihrer akrobatischen Kunststücke schaffen es die quirligen Baumfüchse jedoch nicht lange, mich in ihren Bann zu ziehen. Im Nachhinein bin ich verwundert, weshalb es einem der unscheinbarsten Waldbewohner gelang, meinen Blick auf sich zu ziehen: Es ist ausgerechnet eine kleine Raupe, die fortan meine ungeteilte Aufmerksamkeit genießt. Obwohl sie nicht mehr tut, als an einem scheinbar seidenen Faden vor mir zu hängen und sich fortwährend nach oben und nach unten zu schlängeln. In einem fahlen Gelb, fast schon Beige erscheint sie in diesem frühen Sonnenlicht eines Dienstags im Juni des Jahres 2019. „Gut, dass sie im Wald leben kann", denke ich in diesem Moment …

~

„Ich muss die Raupe rausbringen!", sagte ich zu meiner Mama, die neben mir saß, und blickte auf den Zipfel meiner Laufhose. Fast alle anderen Sitze in dem Warteraum der Innsbrucker Universitätsklinik waren zu diesem Zeitpunkt leer. Auch der Platz des Portiers war nicht besetzt. Es war kurz vor fünf Uhr Nachmittag an eben jenem Dienstag. Uns gegenüber hatte eine Familie Platz genommen, Mutter, Vater und ein junger Mann, offenbar der Sohn. Der Bruder des jungen Mannes, der wohl auch in den Autounfall von heute Nachmittag verwickelt worden war. In den Unfall, der auch uns schnurstracks in die Notaufnahme geführt hatte. Direkt nach meinem Waldlauf, auf dem mich mein Hund, viele, viele Eichhörnchen und der wohl hartnäckigsten Mitreisende, eine kleine, hellgelbe Raupe, begleitet hatten. Auf dem ich mir erhofft hatte, ein wenig abschalten zu können. Von den letzten Wochen, die sich für mich beruflich wie eine Achterbahnfahrt angefühlt hatten. Ständig hatten sich neue, durchaus spannende und abwechslungsreiche Projekte in meiner psychologischen Arbeit ergeben. Meine Selbstständigkeit hatte zunehmend Fahrt aufgenommen, und ich genoss die vielen neuen Aufgabengebiete. Der Waldlauf und die frische Luft sollten mir guttun.

Und plötzlich – „Notfall"! Eine Whatsapp-Nachricht meiner Mama hatte meine Illusion eines energiespendenden Tagesausklangs jäh beendet. Kaum gelesen, noch mitten im Wald, rief ich meine Mama zurück. „Es ist wohl nicht viel passiert. Es war ein Autounfall. Mehr weiß ich noch nicht. Papa ist auf dem Weg in die Klinik."

Meine Schritte wurden schneller. In welche Richtung sollte ich nun bloß weiterlaufen? Wieder retour und nach Hause, zu meinem Auto? Geradewegs weiter, immer der Nase nach in Richtung Stadt?

Ich versuchte, meinen Freund zu erreichen, in der Hoffnung, dass er mich abholen würde. Danach ging alles – wie immer, wenn derartige, obwohl meist etwas kleinere Notfälle unsere Familie betreffen – ganz schnell. Ich erinnere mich nur, wie ich in das Auto meines Freundes eingestiegen bin, der es, schneller als vorerst gedacht, durch den Feierabend-Verkehr aus der Stadt bis zum Waldeingang geschafft hatte, um mich dort aufzulesen.

„Ich habe auch was von einem Geisterfahrer-Unfall gehört", sagte meine Mama, als ich sie auf der Fahrt ins Krankenhaus nochmals nach ihrem genauen Standort fragte. Notaufnahme.

Einen Zusammenhang mit dem Geisterfahrerunfall, der sich laut Verkehrsmeldungen an jenem Nachmittag auf der Brennerautobahn zugetragen hatte, kam uns keine Sekunde in den Sinn, sodass die oberste Devise für uns erst einmal lautete, die Klinik schnellstmöglich zu erreichen. Zumindest das gelang uns in Rekordzeit.

Ich stieg aus und warf mit einem lauten Knall die Autotüre hinter mir zu, dann öffnete sich die Schiebetüre zur Aufnahme akuter Notfälle langsam – in diesem Moment viel zu langsam – vor mir.

Mama? Zahlreiche Menschen, die vor den verschlossenen Behandlungsräumen auf ihre Angehörigen warten mussten, doch keine Spur von einer blonden Frau mit kurzen Haaren, meist bunt und etwas verrückt, jedoch sehr modisch und immer schick gekleidet.

Keine Spur von einer der stärksten Frauen, die ich in meinem bisherigen Leben kennengelernt hatte. Keine Spur von einer meiner besten Freundinnen. Keine Spur von meiner geliebten Mama. Die einen wesentlichen Teil dazu beigetragen hat, mich ebenfalls zu einer – wie ich von mir behaupten würde – starken Frau zu machen. Schließlich war sie es, die dafür gesorgt hatte, dass wir ein Leben leben durften, wie es sich andere wohl nur träumen konnten. Dabei war unsere Kindheit weder von übermäßigem Luxus noch von hochkarätig besetzten Events geprägt, wie man es sich vielleicht für die Familie eines bekannten Fußballtrainers vorstellen würde. Viel lieber blieben wir unter uns. Zeit, die wir tanzend in unserem Garten, an Gletscherseen oder beim Würstelbraten vor dem Lagerfeuer verbrachten, in der Mama uns in den Stall zu unseren Reitstunden begleitete, in der wir Bäche aufstauten, um Frösche zu fangen, und Kräuter-Bündel banden oder Zwetschgen pflückten, um sie in der Nachbarschaft verkaufen zu können. Ausgerüstet mit einem alten Leiterwagen und voller Zuversicht, ein paar Schillinge unseres eigenen Geldes verdienen zu können. Dass dieses privilegierte Leben keine Selbstverständlichkeit ist, war unseren Eltern immer wichtig zu vermitteln. Vor allem meinem Papa, der gemeinsam mit drei Brüdern aufgewachsen war und sich zwischenzeitlich das einzige Badezimmer der Zwei-Zimmer-Wohnung nicht nur mit Eltern und Brüdern, sondern auch mit einem ständig wechselnden Untermieter teilen musste. Und obwohl auch seinen Eltern Bescheidenheit nicht nur ein großes Anliegen, sondern auch eine Notwendigkeit gewesen ist, so wusste vor allem mein Opa Walter seinen Söhnen trotz geringer finanzieller Möglichkeiten das ein oder andere Abenteuer zu bieten. Opa war zunächst selbstständiger Frächter gewesen, um sich nach einer diabetesbedingten Netzhautablösung und der daraus folgenden einseitigen Erblindung als Platzwart seinen und seiner Familie Lebensunterhalt zu verdienen. Viel weiß ich nicht von ihm – er ist leider noch vor meiner Geburt verstorben –, doch erzählt Papa bis heute gerne von den damals illegalen Brennerfahrten, die ihm, seinem Bruder Germar und seinem Papa nur

Germar, Johanna, Dietmar, der kleine
Elmar, Walter und Oskar Constantini
(von links)
Foto: Constantini

Johanna „Hanni" Constantini kümmerte
sich gemeinsam mit ihrem Mann Walter
um ihre vier „Burschen".
Foto: Constantini

durch dessen LKW-Fahrer-Freund ermöglicht wurden. Dieser
holte die drei wagemutigen Constantinis meist spätnachts aus der
Innsbrucker Gumppstraße ab, um sie am frühen Morgen jenseits
der Grenze in Italien ein paar Stunden Süden genießen zu lassen.
Diese Stunden verbrachte mein Papa mit Opa Walter und seinem
Bruder mit tollen Spaziergängen und Wanderungen, bevor die
drei meist nach Einbruch der Dunkelheit wieder an einer Straße warten mussten, um – wieder im Laderaum des LKWs – die
Rückfahrt nach Innsbruck antreten zu können. „Passt auf, da sind
ganz viele Schlangen!", hatte mein Opa den beiden Buben immer
weisgemacht, bevor sie das Feld in Richtung der Hauptstraße
überquerten. Worauf Germar und Dietmar, hysterisch hüpfend
versuchten, schleunigst wieder Asphalt unter ihren kleinen Füßen
zu spüren. Glücklicherweise ohne dabei jemals von den giftigen
italienischen Schlangen gebissen worden zu sein.

In diesen Momenten in der Klinik fühlte ich mich so verloren,
wie sich Papa auf dem Feld mit den eingebildeten Schlangen verloren gefühlt haben musste.

Nach einer Ewigkeit, in der ich meine Mama einfach nicht ent-
decken konnte, drehte ich mich um, ließ die Schiebetür sich – ein
zweites Mal viel zu langsam – wieder vor mir öffnen und ging nach
draußen. Schnell und mit dem für mich typischen Aktionismus
zückte ich mein Handy und wollte gerade Mamas Nummer wählen,

Opa Walter mit seinen Söhnen Dietmar, Oskar und Germar (von links)
Foto: Constantini

als mich ein älterer Herr hinter mir mit einem lauten „Hallo, hier lang, bitte!" unterbrach. Lautlos, mit einem zögerlichen Lächeln folgte ich ihm. Woher wusste der, wo ich hinmusste? Wer ich war? Der Mann führte mich vorbei an all den betrübt wirkenden Menschen, die vor den mit Schiebetüren verschlossenen Behandlungsräumen der Notaufnahme warten mussten. Vorbei an zahlreichen leeren Warteraum-Sitzen und hinein in einen abgetrennten Bereich.

Eine weitere Schiebetüre entfernt sah ich sie endlich: meine geliebte Mama. Sie saß auf einem der Plastikstühle. Sie wirkte geschockt, traurig, aber unheimlich stark zugleich.

„Das ist die andere Familie. Ihr Sohn war einer der Fahrer", murmelte sie leise und zeigte mit der geöffneten Hand und einem verhaltenen Lächeln in Richtung der drei anderen Wartenden.

„Hallo."

„Hallo."

„Wie geht's ihm?"

„Wir wissen nicht viel, wir sind gleichzeitig gekommen."

An viel mehr als diesen Dialog kann ich mich nicht erinnern, bevor sich ein letztes Mal die Schiebetüre viel zu langsam öffnete.

Durch den Spalt konnte ich Matthias erkennen, der den Raum betrat. Seine Umarmung gab mir jetzt noch mehr Kraft als sein erster tröstender Blick an diesem Nachmittag im Auto.

„Die Raupe, ich muss die Raupe rausbringen", sagte ich leise, kaum hörbar, und heute weiß ich nicht, ob diese Botschaft an irgendjemanden außer mir – und vielleicht noch an die Raupe – gerichtet war. Inzwischen hatte neben uns und der anderen Familie auch ein Paar mittleren Alters Platz genommen. Ihr Sohn war offenbar ohne Führerschein gefahren und hatte dabei einen Unfall verursacht. Das war zumindest aus einem Gespräch der beiden herauszuhören, ganz genau konnte und wollte ich den Unfallhergang gar nicht erfahren. Lieber ließ ich mich in diesem Moment von der kleinen, friedlichen Raupe ablenken. Meine Gedanken schweiften zurück zu meinem so abrupt beendeten Waldlauf. Zurück zu den Stunden der Unbekümmertheit, wie ich sie lange nicht gekannt hatte. Unbekümmerte Zeiten durfte ich glücklicherweise in meiner Kindheit viele genießen. Aber über die Jahre meines Erwachsenwerdens hatte ich mehr und mehr Verantwortung übernommen. Mich schon sehr früh durch den aufwendigen Reitsport (Pferde, Pferde, Pferde) und die Adoption meines ägyptischen Strandhundes an Pflichten gebunden. Noch dazu bin ich jemand, der immer für sehr viele Dinge einstehen möchte. Manchmal mit zu viel Einsatz. Dabei verliere ich zwar nie meinen Optimismus, vergesse aber oft, auf meine Ressourcen zu achten. Dieser Aktionismus wurde mir wohl bereits in die Wiege gelegt – immerhin entstamme ich einer überaus aktiven Familie –, vor allem durch meinen Vaters, dessen schier unbändiger Ehrgeiz ihm Zeit seines Lebens eine berufliche Topstation nach der nächsten sicherte. Der gern gesehene, strahlende „Sunnyboy", wie er bis heute vielfach bezeichnet wird, durfte während seiner aktiven Karriere schließlich so ziemlich jede österreichische Fußballmannschaft unter seine Fittiche nehmen. Und nicht nur das. Obwohl er – wie er von sich immer behauptet – „nie der Schnellste" gewesen ist, spielte Papa auch selbst bei so mancher Mannschaft im In- und Ausland auf hohem Niveau. Zu verdanken hatte er jene Chancen nicht zuletzt seinem Kampfgeist und der Bereitschaft, stets an seine Grenzen zu gehen.

Dabei hatte seine Karriere relativ unspektakulär begonnen. Als einer von vielen kickte er am Innsbrucker Tivoli, wohin er seinen Vater, der damals dort Platzwart war, schon sehr früh auf den Rasen begleiten durfte. Opa Walter, in Bozen geboren und aufgewachsen, war nach Kriegsende von Italien nach Tirol gekommen und hatte dort meine Oma Johanna, geborene Angerer, kennengelernt. Johanna war zum damaligen Zeitpunkt bereits verwitwet, nachdem sie ein knappes Jahrzehnt vergeblich auf die Rückkehr ihres ersten Mannes aus dem Zweiten Weltkrieg gewartet hatte. Opa Walter konnte sie schließlich dank seiner charmanten Art erobern. Fußball, Kartenspielen und „Paschen" („Würfelpoker") sowie gesellige Abende mit Freunden bildeten die Leidenschaften der beiden. Die teilten später auch die vier Söhne, denen Johanna, „Hanni", und Walter, „Goggl", nach und nach das Leben schenkten: Nach dem Ältesten, Germar, kam mein Vater im Jahr 1955 auf die Welt, gefolgt von Oskar und Elmar.

Kaum konnte Papa laufen, nahm ihn Walter bereits mit auf den Rasen, sodass die beiden viele der insgesamt 25 Platzwart-Jahre meines Opas gemeinsam verbrachten. Opa Walter zählte stets zu Papas größten Fans und förderte Papas Leidenschaft für das runde Leder von Beginn an.

Trotz jener fehlenden Schnelligkeit schaffte Papa es, dank der familiären Unterstützung und seines unbändigen Ehrgeizes, nach einigen erfolgreichen Einsätzen in Tirols Jugend- und Juniorenauswahl 1975 im Alter von 20 Jahren als Vorstopper, Libero und Mittelfeldspieler in den FC Wacker Innsbruck – und damit in die damalige Profiliga.

„Ich möchte kündigen", eröffnete er zu jener Zeit seinem Chef in der Innsbrucker Druckerei, wo er eine Lehre als Lithograf absolviert hatte. Als dieser fragte „Warum?", meinte Papa selbstbewusst, er würde lieber Fußballprofi werden.

Papas Mama Johanna sorgte sich Zeit ihres langen Lebens liebevoll um ihre „Burschen"...

Foto: GEPA

... und unterstützte Papa als Fußball=kennerin nicht nur, indem sie ihn über die Schiedsrichter informierte.

Foto: GEPA

Für seinen Aktionismus war mein Papa Zeit seiner Karriere bis über die Landes-grenzen hinaus bekannt.

Foto: Norbert Schmeisser

Walter Constantini förderte seinen Sohn Dietmar, wo er nur konnte. Er selbst war Fan der italienischen Mannschaft Juventus Turin.

Foto: Constantini

Tivoli 2016: Lange erinnerte eine Erfolgstafel an Papas Zeiten am Innsbrucker Tivoli.

Foto: Constantini

Um diesen Traum tatsächlich auch verwirklichen zu können, lief er immer und immer wieder die Bergiselschanze hinauf, erzählt Papa. Die Höhenmeter bis ganz nach oben nahm er oft mehrere Male pro Tag in Angriff. Und das nur, um fitter und schneller werden zu können als vermeintlich talentiertere Spielerkollegen. Sein Fleiß sollte sich lohnen. Bald bildete der Fußball tatsächlich seinen absoluten Lebensmittelpunkt.

In den folgenden vier Jahren, von 1975 bis 1979, spielte er bei FC Wacker Innsbruck in der Profiliga. Während dieser Zeit wurde der „Durchschnittskicker", wie er sich selbst charakterisierte, mit dem FC Wacker zweimal Meister und hatte im legendären UEFA-Europacup-Spiel vom 2. November 1977 sogar den starken Gegner Celtic Glasgow 3:0 besiegt. Trotzdem zog es ihn nach diesen vier Jahren aus seiner Heimatstadt Innsbruck weg, und er wechselte zum Linzer ASK nach Oberösterreich.

Den Wechsel konnte auch sein damaliger Innsbruck-Trainer Branko Elsner, von dem Papa bis heute schwärmt, nicht verhindern. Der hatte ihn übrigens wiederholt rigoros stoppen müssen, war er doch als ehrgeizigster Spieler für Übertrainings und intensive Extra-Einheiten bekannt.

Diese Zusatzeinheiten machten sich allerdings in Linz bezahlt, wo Papa von 1979 bis 1980 einmal mehr – wie es hieß – die „Spitze des damaligen Konditionszuges" bildete. Auch menschlich war er ein großer Zugewinn für die Mannschaft. „Der Didi ist als Mensch in Ordnung. Ein lustiger, ehrlicher Bursche und ein kameradschaftlicher Gewinn", meinte sein dortiger Trainer Dolfi Blutsch, der ihn auch schon mal als „zweiten Bruno Pezzey" handelte. Auch seinen Spitznamen „Didi" bekam Papa in jener erfolgreichen Saison beim LASK verpasst.

Aus Innsbruck war der junge Dietmar, jetzt „Didi", Constantini weggegangen, um nicht mehr hautpsächlich „der Sohn vom Platzwart" zu sein. Papa hatte schon immer am liebsten selbst die Verantwortung für sein Tun übernommen. Bereits damals war es sein Traum, „einmal in Griechenland oder Italien – jedenfalls im

Dank seines Ehrgeizes war Papa als Spieler vielen voraus.

Foto: Sündhofer

Als junger Spieler erreichte Papa (ganz links im Bild) je zwei Österreichische Jugend- und Juniorenmeistertitel sowie acht Teilnahmen an UEFA-Spielen, sechs Auftritte beim Amateur- und fünf beim Olympiateam.

Foto: Constantin

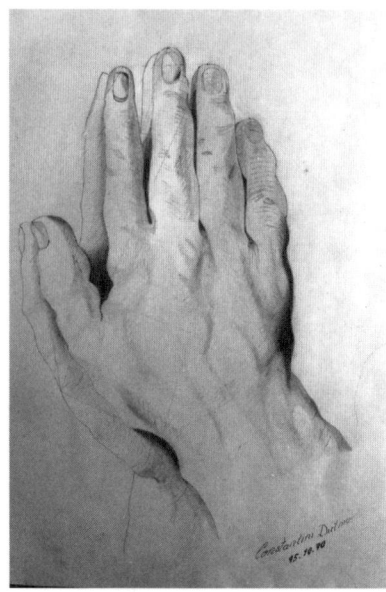

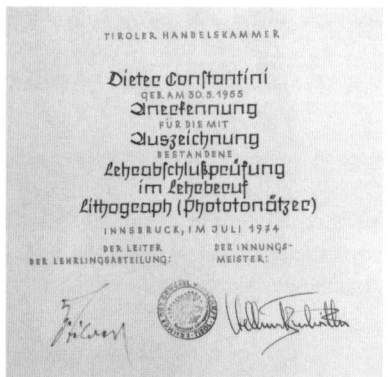

Lehrabschlussbild 1974: Das Zeichnen und Malen hat Papa im späteren Erwachsenenalter wiederentdeckt.
Foto: Constantini

Lehrabschluss 1974: Ein Jahr, bevor Papa in die Kampfmannschaft berufen wurde, schloss er seine Lehre als Lithograf in Innsbruck ab.
Foto: Constantini

Ausland – zu spielen". Obwohl er 1981 aufgrund seiner Spielertätigkeit bei der damaligen SPG Raika Innsbruck für eine Saison in seine Heimatstadt zurückgekehrt war, sollte sein Traum vom Auslandsaufenthalt kurz darauf in Erfüllung gehen. AO Kavalla hieß der Verein, für den er noch im selben Jahr in Griechenlands erster Liga kicken durfte.

Das geschichtsträchtige Griechenland war auch der Ort, wo sich meine Eltern kennenlernten. Mama als bekennende Fußball-Laiin hatte in Papa keineswegs den Profi erkannt. Es begegneten einander daher im Jahr 1987 nicht so sehr eine zukünftige Spielerfrau und ein Profikicker, sondern eine zufällig auf Mykonos urlaubende Wienerin und ein Tiroler Naturbursche.

Fast wie damals bei meiner Oma Johanna, die sich auch Zeit

Im Achtelfinale des UEFA-Europacups der Landesmeister besiegte der FC Wacker Innsbruck den FC Celtic Glasgow mit einem 3:0. Gerhard Forstinger, Friedrich „Friedl" Koncilia und Dietmar „Didi" Constantini (von links) vom FC Wacker Innsbruck bejubeln den Sieg.

Foto: Krug

gelassen hatte, bevor sie eine Beziehung mit dem charmanten Bozner Walter Constantini einging, dauerte es auch bei meinen Eltern eine Weile, bis sich aus diesem ersten Kennenlernen etwas Ernsthaftes entwickeln sollte. Papa war zum Zeitpunkt jenes ersten Zusammentreffens bereits als junger Trainer tätig und verabschiedete sich anschließend kurzerhand für zwei Jahre ins Königreich Saudi-Arabien. Kurzerhand, wie so oft in diesem Geschäft, in dem nicht nur ein Job den nächsten jagt, sondern die beruflichen Stationen eben auch häufig auf verschiedenen Kontinenten lokalisiert sind. Er hatte sich mittlerweile dem Trainerdasein verschrieben, denn eine Achillessehnenverletzung hatte seiner Spielerlaufbahn nach insgesamt 198 Spielen in der österreichischen Bundesliga und sechs erzielten Toren ein Ende gesetzt.

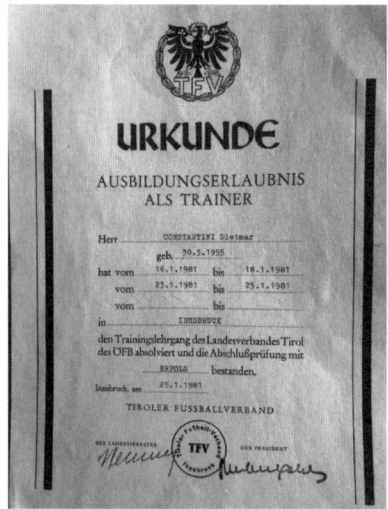

Seine Ausbildungserlaubnis als Trainer erhielt Papa erstmals im Jahr 1981, als er den Wiener Sportclub coachte, um kurz darauf als Co von Walter „Schani" Skocik nach Saudi-Arabien zu Al-Ittihad Dschidda zu wechseln.
Foto: Constantini

„Es is a so, es is a Sucht. Trainer is a Sucht. I hab ja des nit erfunden, es ist oanfach so kemmen", fasste Papa seine große Leidenschaft später in Worte.

Meine Mama, die er im Jahr 1991 dann heiratete, ließ ihn diese berufliche Leidenschaft stets voll und ganz ausleben. „Lieber einen glücklichen Mann, der unterwegs ist, als einen unglücklichen, der nur zu Hause sitzt", meinte sie.

So begleiteten wir – Mama, meine Schwester Leni und ich – als Dreimäderl-Kommando Papa von allem Anfang an auf vielen seiner Reisen, weshalb unsere Wohnorte während unserer Kindheit in regelmäßigen Abständen wechselten: Wien, Linz, Niederösterreich, Mainz, Mutters, um schließlich – zur Zeit meines Schuleintritts im Jahr 2002 – den Rest der Kindheit in Telfes im Stubaital verbringen zu dürfen. Damals entschieden die Eltern, unseretwegen doch sesshaft zu werden. Und während wir im Stubaital mit seinen eisigen Gletscherseen, bei spannenden Lagerfeuer-Abenden und Froschfang-Aktionen mehr als beschäftigt waren, trainierte Papa noch viele weitere Mannschaften.

Den Aktionismus, den er auch mir weitervererbt hat – und den

Gemeinsam mit seinem Freund „Schani"
trainierte Papa zwei Jahre in Saudi-
Arabien. Nach Griechisch lernte er dort
auch, sich auf Arabisch zu verständigen.
Wenn er auf dem Feld fluchte, so tat er
das übrigens immer in einer anderen
Sprache.

Foto: Constantini

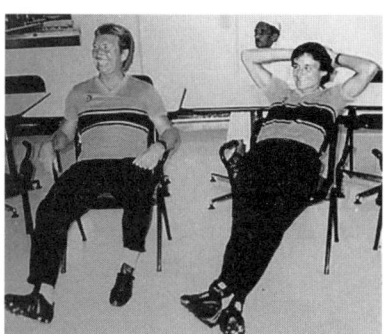

Von der Zeit in Saudi-Arabien schwärmt Papa heute noch.

Foto: Constantini

In Saudi-Arabien coachte Papa neben Walter Skocik die Mannschaft von Al-Ittihad
Dschidda.

Foto: Constantini

ich an diesem Frühsommertag 2019 einmal mehr in mir spürte –, forderte er nicht nur von sich, sondern auch von seinen zahlreichen Spielern: „Wenn er nit rennt, kriegt er eh an Spitz in Hintern, und wenn er rennt, bin i wie a Löwenmutter", sagte er oft. Aber obwohl er die 150 Prozent, die er sich einst auf der Bergiselschanze selbst antrainiert hatte, stets auch von seinem Gegenüber erwartete, verlor er niemals seine Menschlichkeit, die schon Branko Elsner so an ihm geschätzt hatte.

Bis heute nicht. Bis zu diesem heutigen Tag, an dem meine Gedanken herumirrten und die kleine Raupe immer wieder in ihren Mittelpunkt geriet. Mitten in der Klinik, unter den Piepstönen mir unbekannter Gerätschaften, zwischen Ärztekitteln und Türöffnern, dachte ich daran, dass es ein sehr kurzer Moment auf meiner Waldroute gewesen sein musste, in dem sich die kleine Waldbewohnerin an meinen Laufhosenzipfel gehängt haben konnte.

Nachdem ich erst wenige Minuten in dem für Kliniken typisch kühl wirkenden Warteraum verbracht hatte, beschloss ich, noch einmal nach draußen zu gehen. Schließlich würde in der nächsten Minute nicht viel passieren, und die Raupe hatte sich sicherlich nicht diesen Ort als endgültiges Reiseziel gewünscht. Wenn ich schon hier saß, ohne auch nur den geringsten Einfluss auf die Situation nehmen zu können, so wollte ich zumindest dem Schicksal meines blinden Passagiers eine positive Wendung geben.

Ein weiteres Mal also durch die Schiebetüre. Viel zu langsam öffnete sie sich. Behutsam setzte ich meine kleine, hellgelbe Kameradin auf der einzigen grünen Fläche vor dem Klinikgebäude ab. Wohin sie ihr Weg nun wohl führen würde? In diesem kurzen Moment erschien mir die kleine Raupe als normalster Teil meiner Gegenwart. Die nächsten Stunden, Tage und Wochen sollten mich vor eine vollkommen neue Normalität stellen. Wehmütig entließ ich das friedvolle Tier, und noch bevor die langsamste aller langsamen Schiebetüren sich hinter mir schloss, musste ich an ihren zukünftigen Weg denken: „Auf bald, als Schmetterling!", möglicherweise ...

Natürlich haben wir uns nicht davor gescheut, die Frösche auch zu küssen.
Foto: Constantini

Seine Spielerlaufbahn endete aufgrund
einer Achillessehnenverletzung, als
Trainer setzte Papa seine Karriere über
viele Jahre fort.
Foto: Sündhofer

Eines der seltenen Bilder von uns als Familie, das es im Jahr 1994 sogar in die
Zeitungen geschafft hatte.
Foto: Fotograf und Zeitung unbekannt

KAPITEL 2

Löwenmutter-Manier

Dass ich in diesem Sommer 2019 wenige Schmetterlinge und dafür umso mehr langsame Klinik-Schiebetüren sehen und die Normalität meiner bisherigen Tage an diesem Punkt enden würde, davon war ich spätestens nach dem Wort „Notfall" überzeugt. Es las sich für mich fast unwirklich, bedrohlich, ich wollte nicht wissen, was es in sich barg. In diesem Warteraum saß ich nun, zusammen mit sieben weiteren Personen, zwei davon an meiner Seite. Mittlerweile hatte sich auch bestätigt, dass es sich bei den ebenfalls Wartenden tatsächlich um die Familie des jungen Mannes handelte, der in denselben Unfall wie Papa verwickelt war. Zu diesem Zeitpunkt wusste aber auch diese Familie kaum etwas über Unfallhergang und Verletzungen.

Mama und ich erfuhren etwas mehr, nachdem wir wenige Minuten später in einen ersten Behandlungsraum eintreten durften. Umgeben von Vorhängen und ausgestattet mit allerhand Gerätschaften, wurden hier wohl die Unfallverletzten erstversorgt. Einer davon war Papa. Ich erinnere mich daran, dass eine tiefe Wunde auf seiner Stirn klaffte. Sie verzog sich ein wenig, als er uns jetzt in diesem Erstversorgungszimmer anlächelte.

So lange ich zurückdenken kann, erinnere ich mich an meinen Papa lächelnd. Es gab sehr wenige Momente, in denen ich ihn tatsächlich zornig erleben musste. Vielleicht dann, wenn der Drucker in seinem Büro zu Hause wieder einmal streikte und er neben Trainingslagern und Spielbeobachtungen lediglich einen Tag zur Verfügung hatte, um all seine E-Mails auszudrucken. Da flogen dann schon mal die Fetzen, oder besser gesagt die Druckertinte und das Papier. Ansonsten aber gab es tatsächlich sehr wenige Situationen, die Papa abseits vom Spielfeld in Rage bringen konnten.

Auf die Frage eines Journalisten, wie es denn um sein Temperament (als Trainer) stehe, hatte er hingegen einst geantwortet: „Ob ich impulsiv bin? Klar, i bin von einer Sekunde auf die andere in der Höh! Dabei bin i a unbändiger Optimist. Und a totaler Realist. Mit an eisernen Willen kannst alles machen. Früher hab i trainiert wie a Berserker, weil i als Kicker viel z' langsam war. Zufrieden bin i praktisch nie, i will immer was verändern."

Als Familie erlebten wir viel eher den optimistischen Realisten als irgendwelche Anzeichen eines wilden Berserkers. Den ließ Papa glücklicherweise stets auf dem Platz zurück.

Dass wir ihn sogar in dieser Situation, von der wir alle noch nicht wussten, wo sie uns hinführen würde, lächeln sahen, war nur eine weitere Bestätigung dafür.

Trotzdem kam ich mir vor wie in einer Blase. Was würde nun passieren? War die Wunde auf seinem Kopf die einzige Verletzung? Weit gefehlt, wie uns die Ärzte wenig später bestätigten. Zwar hatte Papa keine „lebensbedrohlichen Verletzungen" erlitten, dafür ganze acht Rippenbrüche, ein gebrochenes Brustbein, Brüche an Hand- und Fußgelenken sowie eine ordentliche Gehirnerschütterung.

Es stellte sich nun auch heraus, dass es sich bei dem Unfall tatsächlich um den im Radio berichteten Geisterfahrerunfall auf der Brennerautobahn gehandelt hatte. Wie genau es dazu gekommen war, konnten zu diesem Zeitpunkt weder die Polizei noch die behandelnden Ärzte und schon gar nicht Papa oder der andere Unfallteilnehmer rekonstruieren.

Was Papa anging, so folgten an jenem Nachmittag noch einige Untersuchungen, Röntgenaufnahmen und ein CT. Wie lange wir währenddessen in dem kühlen Warteraum gesessen hatten, weiß ich heute nicht mehr. Jedenfalls fühlten sich die Stunden wie eine Ewigkeit an. Und wir waren extrem beunruhigt, besorgt um Papa und den Schweregrad seiner Verletzungen. Besorgt um den jungen Mann, der ebenso in den Unfall verwickelt gewesen war. Aber auch beunruhigt darüber, was genau passiert sein konnte. Dass es die kleine Raupe früher aus den Klinikgemäuern geschafft hatte, dafür war ich auch im Nachhinein sehr dankbar. Das kleinste Fleckchen Grün hätte ich diesem unbequemen Raum mit der langsamen Schiebetüre wohl auch vorgezogen.

Andererseits waren Mama und ich sehr froh, immer wieder zu Papa in die Untersuchungsräume gehen zu dürfen. Mit ihm ein paar Worte wechseln zu können. Dabei beteuerte er immer, wir sollten uns keine zu großen Sorgen machen. Ganz wie einst diese zitierte „Löwenmutter" eben.

Zwischendurch konnten wir jedoch mit Ärzten sprechen, um nachzufragen, welche Untersuchungen als Nächstes folgen würden. Und außerdem erfuhren wir im Erstversorgungsbereich zu unserer Beruhigung, dass der junge Mann nur leichte Verletzungen davongetragen hatte und die Klinik wohl bald werde verlassen können. Auch mit ihm konnten wir, es war mittlerweile Abend, noch einige Worte wechseln, als er in seinem Krankenbett an unseren Wartezimmerstühlen vorbeigeschoben wurde. Zu diesem Zeitpunkt war mein Freund Matthias bereits nach Hause gefahren – schließlich musste auch unser Vierbeiner mit Wasser und Futter versorgt werden.

Meine Schwester Leni, die seit vielen Jahren in Wien lebt, hielten wir inmitten des Trubels immer wieder telefonisch auf dem Laufenden.

Kurz nachdem wir das letzte Gespräch an diesem Abend mit ihr beendet hatten, klingelte Mamas Telefon erneut.

„Mama, eine unbekannte Nummer ruft dich an."

„Heb du bitte ab!", sagte sie. Sie wirkte müde. Kein Wunder, schließlich befanden wir uns zu diesem Zeitpunkt bereits seit mehreren Stunden in der Klinik, mal im Erstversorgungszimmer, mal im Wartebereich der Notaufnahme und nun endlich mit Papa auf der etwas ruhigeren Station.

„Hallo?", sagte ich ins Telefon.

Eine laute Stimme ertönte: „Frau Constantini, Autobahnpolizei. Ich rufe wegen der Einvernahme an."

Ich merkte, wie meine Kräfte schwanden und mir die Tragweite dieses Unfalls langsam, aber sicher bewusst wurde.

„Ja. Hallo. Ich bin die Tochter. Meine Mutter kann gerade nicht", erwiderte ich.

Der Mann von der Exekutive wollte mir einige Fragen zum Unfallhergang stellen.

„Ich bin nicht dabeigewesen", dachte ich bei mir. „Ich war im Wald. Mit meinem Hund, den Eichhörnchen und der kleinen Raupe."

Schließlich wollte ich meinen Gesprächspartner nicht zu sehr irritieren: „Ich bin nicht bei dem Unfall dabeigewesen", sagte ich ins Telefon, „und mein Vater ist derzeit nicht vernehmungsfähig. Ich kann Ihnen zum Unfallhergang nichts sagen."

Ich wusste, dass nur mein Papa ihm die Informationen zum Unfallhergang geben konnte, und versuchte dies dem Polizisten schließlich zu vermitteln.

Kurz nachdem ich das Gespräch mit dem Polizisten beendet hatte – wir waren dahingehend verblieben, dass wir uns in den nächsten Tagen wegen einer Einvernahme bei der Exekutive melden würden –, kam ein Anruf von Lenis Freund Sebastian: „Johanna, ein Polizist hat mich angerufen und gefragt, ob Didi eine Demenz hat. Ich habe den Kontakt von Irmi weitergegeben. Ich konnte auch keine Antwort darauf geben. Überhaupt ist es mir komisch vorgekommen, dass die mich sowas einfach so fragen."

Nicht nur die Art, telefonisch Auskünfte einzuholen, sondern auch diese sehr plumpe und zudem unbefugte Nachfrage bei Sebastian empfanden wir als Familie in diesem Moment sehr unpassend. Allerdings war uns klar, dass diese Nachfrage Gerüchten geschuldet war, wie sie schon länger zu Papas Gesundheitszustand kursierten. Den „Didi" kannte schließlich jeder, und so lag es wohl nicht fern, gleich direkt nachzufragen, auch ohne die genauen Familienverhältnisse des Gesprächspartners vorab zu klären.

Bis heute wissen wir nicht genau, ob es tatsächlich ein Polizist gewesen ist, der Sebastian angerufen hat, und wir wissen auch nicht, wie er ausgerechnet an seine Nummer gekommen war. Möglicherweise durch den Fund von Papas Handy am Unfallort und die darin gespeicherten Daten. Jedenfalls hatte der Anrufer Sebastian nicht nach seinem Bezug zur Familie gefragt. Und Sebastian hatte das einzig Richtige getan, indem er dem Anrufer Mamas Nummer weitergegeben und darum gebeten hatte, sich doch an die primären Angehörigen und demnach auch die einzigen Informationsberechtigten zu wenden.

Was wir zudem in den Tagen nach dem Unfall erfahren konnten war, dass sich in den Stunden nach Bekanntwerden von Papas Verwicklung darin einige Personen ungefragt an die Autobahnpolizei gewandt hatten. Um ihre Vermutungen kundzutun. Vermutungen, die als Gerüchte, wie erwähnt, schon lange kursiert waren. Diese waren zwar kaum persönlich an uns als Familie herangetragen worden, dafür aber umso mehr aus zweiter Hand – und relativ rasch nach Papas Rückzug aus seiner aktiven Karriere – in Umlauf gebracht. Auch ehemalige Freunde fragten sich, ob Papa denn an einer Depression, einer Demenz oder einer Nervenkrankheit leide, ohne sich dabei jemals an uns direkt zu wenden. Unsere aktuellen Freunde waren es, die solche Gerüchte immer wieder an uns weitergaben. Schon vor dem Unfall fragte ich mich oft enttäuscht, warum uns die Menschen denn nicht direkt konfrontierten, sondern statt dessen irgendwelche Vermutungen unreflektiert verbreiteten.

Genau so wie dieser Anrufer, der Polizeibeamter war oder auch nicht. Und viele weitere Menschen sollten in diesen Stunden ihr „ersehntes Fressen" erhalten. Lange bevor wir in irgendeine Richtung bestätigen oder dementieren konnten, wie es um Papas Gesundheitszustand tatsächlich stand, wurde nämlich die Kunde etwas später an diesem Abend auch medial weiterverbreitet ...

„Sie werden nichts schreiben. Die Redakteure haben versprochen, erst einmal keine Namen zu nennen", versicherte mir Helli, einer von Papas besten Freunden, noch am selben Abend telefonisch, nachdem er von den ersten Journalisten, noch mehr von den Chefredakteuren, persönlich zum Unfall kontaktiert worden war. Schließlich war niemand Geringerer als der „Ex-Nationaltrainer Didi" in einen Unfall verwickelt worden. In einen Geisterfahrerunfall noch dazu. Obwohl Helli sich noch darum bemüht hatte, die Schlagzeilen abzuwenden, blieben seine Versuche am Ende doch vergeblich. Beinahe im Sekundentakt folgte in jener ersten Nacht ein Artikel nach dem anderen über den Unfall. Und das fast ausschließlich unter Angabe des vollen Namens und nicht, wie eigentlich bei derartigen Unfallberichten üblich, anonymisiert. Storys rund um den „Didi" eben. Es waren somit auch jene Veröffentlichungen, die unsere bisherige Normalität für immer verändern würde.

Stir it up

In einer Zeit von Smartphones und Social Media ließ natürlich auch das erste Unfallbild nicht lange auf sich warten. Da sich die Medienberichte nur so überschlagen hatten – der Unfall lag immer noch erst wenige Stunden zurück –, bemühte ich mich um eine mediale Richtigstellung auf unserer eigenen Facebook-Seite. Und zwar auf der Seite, auf der sich ansonsten nur Bilder von fußballbegeisterten Kindern finden, die eines der vielen Nachwuchscamps besuchen, wie sie mein Papa seit knapp zwei Jahrzehnten veranstaltet.

Ich erinnere mich noch gut an die Zeit, als er mit jenen Camps erstmalig startete. Kurz zuvor, es war das Jahr 1998 gewesen, hatten wir einige Monate in Ober-Olm bei Mainz gelebt. Papa hatte den deutschen Erstligisten FSV Mainz 05 im September des Vorjahres unter Präsident Harald Strutz übernommen und bei der Pressekonferenz, danach gefragt, was er denn mit der Stadt am Rhein verbinde, schlichtweg mit „Helau" geantwortet. Eine Finanzkrise, schlechte Trainingsbedingungen und die schier ausweglose Suche nach leistbaren Spielern hatten Papa, der auch bei den Deutschen als „personifizierte Furchtlosigkeit" bekannt war, nicht abgeschreckt. Neben dem heute als Erfolgstrainer im internationalen Fußball geltenden Jürgen Klopp hatte er dabei auch seine übrigen Kicker großteils auf seiner Seite. In Zeitungsberichten von damals ist sogar nachzulesen, dass er die Profis dazu ermutigen konnte, in eigens organisierten Fahrgemeinschaften zu den Auswärtsspielen zu reisen, um das Geld für den Mannschaftsbus in die dringend benötigten Ersparnisse des Vereins einzahlen zu können. Eindeutig bestätigen konnte mir diese Episoden zwar auch Harald Strutz (der insgesamt 29 Jahre lang, von 1988 bis 2017, Präsident des Sportvereins 1. FSV Mainz 05 gewesen ist) heute nicht mehr, doch halte ich es für ohne Weiteres vorstellbar, dass Papa derartige oder ähnliche „Sparmaßnahmen" einzuführen wusste.

Geholfen hatten auch jene durchaus unkonventionellen Methoden dem Verein am Ende zu wenig, und nachdem die Mannschaft seines Erachtens zu häufig unentschieden gespielt hatte, war es damals Papa selbst gewesen, der dem Präsidenten gegenüber schließlich meinte: „Woast, i mag euch wirklich. Und deswegen müssts ihr jetzt den Trainer wechseln." Ein Eingeständnis, das Harald Strutz bis heute imponiert, wie er mir gegenüber bestätigte. Nach einer Saison war jedenfalls Schluss mit Papas Tätigkeit im Nachbarland und unser Weg führte uns zurück nach Mutters in Tirol.

Wir als Familie – allen voran Mama, der die Mainzer Gegend ohnehin nie wirklich zugesagt hatte – waren erleichtert, wieder nach Österreich zurückkehren zu können. Und so kam es, dass Papa – zurück in der Heimat und vorübergehend arbeitslos – seinen lang gehegten Plan von Nachwuchscamps in die Tat umsetzen konnte. Zwar nicht vorrangig deshalb, weil er nach seinem Job bei Mainz 05 arbeitslos geworden war. Das passierte ihm als Trainer in seiner Karriere nämlich öfters. „Der Fußball is kurzlebig. Warum soll i zittern, nur weil i a Woche ohne Job bin? Man muss zufrieden sein mit dem, was man hat. Du kannst a intelligenter Mensch sein, aber des Pech haben, dass'd in Jugoslawien wohnst und dei-

Unkonventionelle Methoden, um an Geld für den Verein zu kommen, wusste Papa auch aus Spielerzeiten anzuwenden. Wie hier bei der verzweifelten Sponsorsuche kurz vor der Auflösung des FC Union Wels, für die er im Jahr 1984 selbst gekickt hatte.

Foto: rubrafoto

 Fussballcamp mit Didi Constantini & Andi Schiener   ...
Gepostet von Johanna Constantini [?] · 4. Juni 2019 · ⊘

RICHTIGSTELLUNG aktueller Berichterstattung
Hingegen der aktuellen Berichterstattung von Seiten einiger Medien gibt es bisher zum Auto-Unfall auf der A13, in den auch Didi Constantini verwickelt war, KEINEN bestätigten Unfallhergang. Diesem werden die dafür zuständigen Stellen in den nächsten Tagen und Wochen nachgehen. Ebenfalls - und glücklicherweise - dürfen wir an dieser Stelle richtigstellen, dass es KEINE Schwerverletzten zu beklagen gibt.
Wir danken für die Kenntnisnahme.

Diese Richtigstellung habe ich kurz nach dem Unfall auf unserer Camp-Facebook-Seite verfasst. Das Camp wird seit 2018 durch Papas langjährigen Spieler- und Trainerkollegen Andi Schiener verstärkt.

Foto: Constantini

ne Familie umgebracht wird. Is es da net wurscht, wer Teamchef wird?" So relativierte Papa im Jahr 1992 den Verlust seines ersten Interimstrainerpostens beim Österreichischen Nationalteam mit dem Hinweis auf den zum damaligen Zeitpunkt herrschenden Jugoslawienkrieg.

Der Beruf des Fußballtrainers gehört bestimmt zu den populärsten, jedoch nicht wirklich zu den sichersten Arbeitsplätzen unserer Republik. Und weil Papa nach jahrelanger Trainertätigkeit bereits an diese regen Wechsel gewöhnt war, hatte ihn auch jene vorübergehende berufliche Pause nach unserer Rückkehr aus Deutschland nicht allzu sehr gesorgt. „Der Papa ist gerade arbeitslos, aber irgendwie wird es schon weitergehen. Denn: Wenn du glaubst, es geht nicht mehr, kommt von irgendwo ein Lichtlein her!", erinnere ich mich an eine seiner Bemerkungen kurz nach dem Weggang von Mainz 05.

Die Kindercamps rief er jedenfalls ins Leben, um endlich seiner lang gehegten Leidenschaft der Nachwuchsförderung frönen zu können: „Vielleicht, wenns mich wieder einmal in die Ferne zieht, werde ich Fußballlehrer in einem US-Jugendcamp, wie es derzeit mein Freund Peter Koncilia macht", hatte er sich bereits als 28-jähriger Spieler vom FC Union Wels zu möglichen Zukunftsprojekten geäußert.

Rund 15 Jahre später sollte er dieses Vorhaben in die Tat umsetzen können: Die „Fußballcamps mit Didi Constantini" waren geboren. Gesponsert und unterstützt von zahlreichen namhaften Unternehmen, darunter Telekom Austria und Intersport Österreich, finden Papas Camps bis heute jeden Sommer an unterschiedlichen Orten Österreichs für fußballbegeisterte Kinder statt.

„Unsere Philosophie ist, dass wir mit ehemaligen Fußballprofis arbeiten. Das is das, was ich auch immer predige. Und dass die Kinder auch wirklich was lernen, dass es nicht nur ein Urlaubscamp ist", erklärte er einmal einem Filmteam seine Motivation für die Camps.

Neben dieser Art der Nachwuchsförderung liebte es Papa auch,

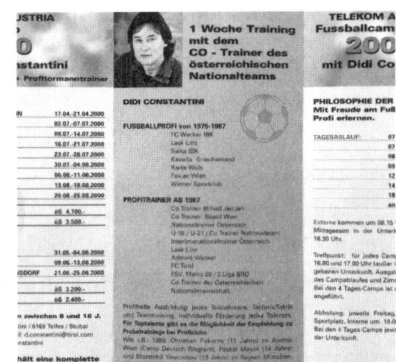

Die ersten der nun über zwei Jahrzehnte andauernden Fußballcamps mit Didi Constantini wurden von der Telekom Austria unterstützt.

Foto: Constantini

Bis zu 13 Camps fanden jeden Sommer statt. Die 6- bis 16-jährigen Teilnehmer konnten dabei lange Zeit auch vor Ort in Unterkünften übernachten. Aktuell finden nach wie vor zwei Trainingseinheiten täglich statt, und die Teilnehmer schlafen zu Hause.

Foto: Constantini

Nach wie vor lässt es sich Papa nicht nehmen, seine Camps zu besuchen. Wie hier im Jahr 2019 kurz nach seinem Unfall

Foto: Constantini

Mit Camp-Teilnehmer Julian beim Camp in Ischgl im Jahr 2018

Foto: Constantini

als aktiver Trainer Fußballturniere für Kinder mitzugestalten und verschiedene Jugendmannschaften als Gasttrainer zu coachen. Wie stolz war auch ich, als Papa sogar regelmäßig in meine damalige Schule kam, um das alljährliche Fußballturnier zur Weihnachtszeit zu pfeifen.

Sogar sportartübergreifend sorgte er für viel kindliche Freude, wenn er meine Schwester und mich bei unseren Reitturnieren besuchte, um mit uns und unseren Reitfreunden allerhand Aufwärmprogramme zu gestalten, bevor wir in den Sattel steigen mussten. „Locker, aber konzentriert", gab er uns dabei immer mit, bevor wir in die Wettbewerbe einritten.

Und nahmen Leni und ich einmal nicht im Sattel Platz, so tauschten wir jene Reitturniere gegen Trainingswochen, in denen wir Papa und sein Team zu den Camps begleiten durften. Neben den angesprochenen Profitrainern bestand seine Camp-Mannschaft stets auch aus Betreuern, die sich vor allem abends und in den Trainingspausen um die vielen Kinder kümmerten. Für Leni und mich als sogenannte „Juniorbetreuerinnen" war es toll, die teilnehmenden Jungs (meist kickten übrigens auch Mädchen mit!) beim Spielen beobachten zu können, sie beim täglichen Morgenlauf anzuspornen, vor allem aber sie an die Bettruhe zu erinnern. Um anschließend mit dem Trainer- und Betreuerteam noch Karten spielen zu können. Wie die Großen eben! An jene „Nachtwachen", die wir stets an der Seite der Campbetreuerinnen (meist handelt es sich dabei um Frauen) verbrachten, erinnere ich mich besonders gerne. Dabei wurden wir nicht nur einmal von diversen Buben-Zimmer-Gruppen mit einem musikalischen Ständchen überrascht. „Stir it up" und „No woman no cry" von Bob Marley sind bis heute die unangefochtenen most-played Klassiker jener Abend-Chöre. Ob unter den Sängern auch jene Teilnehmer gewesen sind, die später und nicht zuletzt durch die Empfehlungen und Vermittlungen meines Papas zu wahrhaftigen Spitzen-Fußballern geworden sind, ist mir heute leider nicht mehr gegenwärtig. Jedenfalls fanden sich unter seinen Schützlingen Namen wie

Auch im Jahr 2019 und damit kurz nach seinem Unfall fieberte Papa am Rand des Austragungsplatzes des Turniers mit.

Foto: Mel Burger

Dank unserer Eltern wurde Leni und mir der Reitsport ermöglicht. Bis heute genießen wir die Zeit mit den Pferden.

Foto: Fotoagentur Dill

Aleksandar Dragovich zählte zu jenen „jungen Wilden", die ihr Nationalteam-Debüt unter Papa als Trainer gegeben haben.
Foto: APA

Daniel Royer, Julian Baumgartlinger, Aleksandar Dragović, Yasin Pehlivan, Jakob Jantscher und einige mehr.

„Es ist uns gelungen, einen Tormann, einen Fünfzehnjährigen, zu AS Roma zu schicken, letztes Jahr hab ich einen zu Bayern München geschickt, zu Austria Wien einen Neunjährigen oder zu 1860. Des is ein Leichtes für mich, aber wenn, dann mach ich das nur mit wirklichen Toptalenten", fasste Papa die erfolgreichen Vermittlungen einiger seiner Campkids zusammen, die später zu Toptalenten werden sollten. So manche von ihnen hatten zu Beginn nicht die Mittel gehabt, um an dem kostenpflichtigen Kindercamp teilzunehmen. Mein Papa löste das dann schon mal auf seine Art: „Gebt ihm ein Dress und einen Ball und lasst ihn einfach mitspielen." Und so hält sich beispielsweise auch der heute 29-jährige Aleksandar Dragović, dem als Nachwuchskicker ein Didi-Camp ermöglicht worden war, mittlerweile bei einem stolzen Marktwert von 5,2 Millionen Euro.[1] Sein Nationalteam-Debüt gab der in Wien geborene und aus Serbien stammende Innenverteidiger, der bis 2018 von seinem Stammverein Bayer Leverkusen an den englischen Erstligisten Leicester City verliehen worden war, im

---

1 Vgl. https://www.transfermarkt.at/aleksandar-dragovic/profil/spieler/59032

Übrigen ebenfalls unter meinem Papa als Trainer. Nämlich am 6. Juni 2009 beim Qualifikationsspiel der Österreichischen Nationalmannschaft gegen Serbien.

Aber um zu unseren Camp-Abenden zurückzukommen: Ganz egal, welcher spätere Profi-Fußballer sie auch zum Besten gegeben haben mag, jene einstigen „Camp-Chöre" bildeten häufig nur einen Vorwand, um den ein oder anderen Liebesbrief zwischen den Campjungs und uns Mädchen wechseln zu lassen.

KAPITEL 4

Hashtag Didi Constantini

„Stir it up" – Rühr es auf! – sollte sinngemäß jedenfalls auch zutreffen, als ich mich – aufgewühlt durch die Geschehnisse der letzten Stunden – in der Nacht nach Papas Unfall um die mediale Richtigstellung bemühte. Unsere Camp-Seite war dafür vielleicht nicht die passendste Plattform, aber wir mussten schließlich irgendwo auf die vielen Schlagzeilen des „schwerverletzten Ex-Nationaltrainers" reagieren. Glücklicherweise hatte es sich bei Papas Verletzungen ja wirklich nicht um solche von lebensbedrohlichen Ausmaßen gehandelt. Trotzdem zogen jene ersten Berichte bereits wenige Minuten nach ihrer Veröffentlichung unzählige Nachrichten über Whatsapp, SMS, diverse Messenger-Dienste sowie Anrufe und Mails nach sich. Und ließen unsere Displays die ganze erste Nacht nach dem Unfall glühen – eine Anteilnahme unermesslichen Ausmaßes, die mir zeigte, nein bestätigte, welch hohe Sympathiewerte mein Papa auch Jahre nach seinem offiziellen Rückzug aus dem Sport noch genoss. Vor allem in jener ersten Nacht nach dem Unfall überforderten uns diese zahlreichen Nachrichten aber auch zugleich. Selbst konnten wir ja noch gar nicht begreifen, was an diesem vergangenen Nachmittag des 4. Juni 2019 passiert war. Heute – und damit ein knappes Jahr nach diesen so aufwühlenden Stunden – bin ich für jede einzelne Botschaft dankbar. Vor allem für die zahlreichen Nachrichten von den Menschen, die sich nach dem Unfall direkt an uns gewandt haben. Auch für die Kontaktnahme jener Medienvertreter, die zuerst bei uns nachfragten und dann die von uns freigegebenen Informationen abdruckten. Ich bin für alle dankbar, die online oder telefonisch ihre Anteilnahme und die vielen Genesungswünsche kundgetan haben. Die in der Klinik vorbeigekommen sind und mit meinem Papa gelacht und gesprochen haben, über Fußball, die gerade laufende Frauenfußball-WM und alles, was ihn in diesem Moment interessierte. Ich erinnere mich gerne daran, wie er sich über die vielen Besucher freute. Über die Menschen, die es überaus gut mit ihm meinten und meinen und deren Zuspruch unserer ganzen Familie so gutgetan hat.

Natürlich brachten diese Tage auch Enttäuschungen. So haben sich manche Menschen nicht gemeldet, von denen wir es erwartet hatten. Möglicherweise, weil sie aus Scham den Kontakt zu uns gescheut hatten. Vielleicht, weil sie meinten, nicht die richtigen Worte finden zu können. Zur Popularität gehört immer auch ein reger Wechsel an Weggefährten. Diese Erfahrung hat mein Papa in seinem Leben wohl mehr als einmal gemacht. Von den einst besten Freunden – als er berühmt und stets auch sehr großzügig war – sind so manche von der Bildfläche verschwunden, sobald er nicht mehr zur besten Sendezeit auf dem Bildschirm erschien.

Papa selbst sprach über sein Tun nicht allzu gerne auf jenen Kanälen mit den höchsten Einschaltquoten. Vielmehr war er stets jemand, der Taten sprechen lassen wollte. So erfuhren die Medien beispielsweise von ihm nicht, wie er für einen jungen Admiraner, der sich das Begräbnis für seine verstorbene Mutter nicht leisten konnte, Spenden über den Verein gesammelt hat. Als Tochter kenne ich unzählige Beispiele mehr, in denen Papa seine Menschlichkeit bewies und niemals offen darüber sprach.

Während jener Tage in der Klinik jedenfalls taten wir gut daran, Enttäuschungen über diejenigen, die sich nicht gemeldet hatten, keinen allzu hohen Stellenwert einzuräumen. Schließlich mussten wir unsere Energien sparen. Dabei halfen immerhin sehr viele „Herzensmenschen", indem sie auch negative Begegnungen von uns abzuschirmen versuchten. Innerhalb der Klinikmauern war es zudem das beschäftigte Personal, bestehend aus Pflegern[2], Schwestern und Ärzten, die durch ihre professionelle und zuvorkommende Arbeit wesentlich dazu beigetragen haben, dass wir uns dort so anonym wie möglich aufhalten konnten. Gegen neugierige Mitpatienten, die ihren Spaß daran fanden, Papa im weißen Patientenkilt abzulichten, hatte das Klinikpersonal leider keine Handhabe.

An eine jener Situationen erinnere ich mich noch besonders gut: Ich hatte Papa zum Röntgen begleitet. Ein Kontrollbild seines verletzten Fußes musste gemacht werden, und so war ich ihm und einem Krankenpfleger ins Erdgeschoss bis vor die Behandlungsräume gefolgt.

Die Untersuchung verlief reibungslos, das Bild konnte schnell gemacht werden, und wir mussten im Anschluss daran noch einige Minuten auf den behandelnden Arzt warten. Der Krankenpfleger hatte Papas Bett an die Wand im Warteraum geschoben, sodass wir uns unterhalten konnten. Papa konnte noch nicht selbst auftreten, weshalb er, im Bett liegend, auf die Ankunft des Mediziners warten musste. Während wir miteinander plauderten, schweifte mein Blick durch den Raum. Eine etwas ältere Dame und ein junger Bursche hatten neben uns auf den Bänken Platz genommen. Der Bursche war mir schon vor der Untersuchung aufgefallen, seine erstaunten und auch etwas erschrockenen Blicke zu Papa hin waren kaum zu übersehen gewesen.

---

2 Ich muss an dieser Stelle erwähnen, dass ich aus Gründen der Lesbarkeit auf das Gendern verzichte und natürlich stets männliche wie weibliche Personen ansprechen möchte.

Mein Gefühl sollte mir recht geben. Während wir warten mussten, beobachtete ich, wie der Bursche langsam, aber sicher sein Handy vor seinem Oberkörper aufrichtete. Er hielt es vor sich in Bauchhöhe senkrecht nach oben, die Kameralinse in der rechten oberen Ecke zielte direkt auf meinen Papa.

Der Bursche war offensichtlich davon ausgegangen, dass ich in dem Moment zu sehr in das Gespräch mit Papa vertieft gewesen war, um sein Vorhaben beobachten zu können. So hob er sein Smartphone noch etwas schamloser in die Höhe, möglicherweise auch, um das gesamte Krankenbett meines Papas ablichten zu können. Mit mir hatte der junge Mann jedoch nicht gerechnet. Längst war ich – nach wie vor auf dem Bett sitzend – in Kopfhöhe von Papa gerutscht, um jedenfalls sein Gesicht verdecken zu können. „Unter welchem Hashtag konnte der junge Mann schon posten, wenn auf seinem geschmacklosen Schnappschuss niemand zu erkennen ist?", dachte ich und schirmte meinen Papa so lange mit meinem Körper ab, bis der Krankenpfleger nach dem OK des behandelnden Arztes das Bett langsam wieder aus dem Raum schob.

Ich atmete erst wieder erleichtert auf, als wir um die Ecke in Richtung der Aufzüge unterwegs waren. Und trotzdem ließ mich dieser Vorfall noch nicht los. Papa hatte davon nichts bemerkt und unterhielt sich nun angeregt mit dem Krankenpfleger. Ich glaube, es ging dabei wieder einmal um die zu diesem Zeitpunkt laufende Frauenfußballweltmeisterschaft. Ohne ihn aus diesem Gespräch reißen zu wollen, gab ich dem Krankenpfleger ein Zeichen, gleich nachzukommen, und machte mich nochmals auf den Weg in den Warteraum.

„Und – hast du dein Bild bekommen?", fragte ich den jungen Mann mit bewusst ruhiger Stimme, was mir in diesem Moment zugegebenermaßen so gar nicht leichtfiel.

Erstaunt schreckte der Hobbyfotograf von seinem Display hoch. „Natürlich nicht, nein. So etwas würde ich nicht tun!", erinnere ich mich an seine Verteidigungsworte.

Eine Diskussion anzufangen, erschien mir zu diesem Zeitpunkt sehr unsinnig, denn ich musste mir meine so wichtigen Energieressourcen bewahren.

„Bist du ..., bist du die Tochter, oder? Wie geht es ihm?", stammelte der Bursche beschwichtigend.

Bis heute weiß ich nicht, ob es ein Bild von Papa und mir gibt, wie wir auf die Röntgenaufnahmen dieses Tages gewartet haben. Ich hoffe es nicht, doch da ich in jenen Tagen nicht immer in der Klinik war, weiß ich auch nicht, ob solche oder ähnliche Aufnahmen tatsächlich immer verhindert werden konnten. Dass ich den unverschämten Hobby-Paparazzo zur Rede gestellt habe, darüber bin ich jedenfalls froh.

Genau so wie seine unverschämten Fotoversuche mussten wir so manche unpassenden Bilder und bösen Kommentare in dieser Zeit schlichtweg hinnehmen. Während wir versuchten, Papa davon abzuschirmen, hatten mittlerweile Unwahrheiten und unbestätigte Aussagen medial die Runde gemacht. Vor allem sogenannte „Top-Leser" – das sind User, die besonders oft digitale Beiträge von Zeitungen kommentieren – gaben ihre ungefilterten Meinungen zum Gesundheitszustand meines Papas online preis und diskutierten angeregt darüber.

Ich bemühte mich, ihre Ausführungen zu ignorieren. Vielleicht hatten sie aus Langeweile geschrieben, vielleicht aus Enttäuschung, um zu belehren, oder aus reiner Unzufriedenheit. Auch über die Medienvertreter habe ich mich nicht lange geärgert, da sie nur ihrem Job nachgegangen sind und dem Druck der von ihnen geforderten Berichterstattung vor allem in der ersten Nacht nach dem Unfall nachgegeben haben. Ob sie unsere Privatsphäre verletzt hatten, indem nur Stunden nach dem Unfall ein Bild mitsamt Papas Namen in zahlreichen Zeitungen erschien, oder nicht – darüber machte ich mir nur zu Beginn Gedanken, als sich sogar die ermittelnden Polizisten der Autobahnpolizei nach den ersten Veröffentlichungen genötigt sahen, uns darauf aufmerksam zu machen, dass die Presse jenes Unfallbild nicht von ihnen erhalten hatte.

Das bestätigte mir jedenfalls: Geschmackvoll war die mediale Berichterstattung dieses Nachmittags im Juni 2019 jedenfalls nicht gewesen. Doch so ist das nun mal, wenn eine sogenannte „Person öffentlichen Interesses" auch weit nach ihrem offiziellen Karriereende in einen Autounfall verwickelt ist. Ein Geisterfahrerunfall ist zwar leider etwas beinahe Alltägliches – im Jahr 2019 gab es laut Ö3 Verkehrsfunk sogar ganze 417 Warnmeldungen in Österreich[3] –, doch erregt er immer noch mehr Aufmerksamkeit als ein gewöhnlicher Auffahrunfall. Ganz egal ob sich die aufbrausenden „Top-Leser-Online-Kommentare" also um die Frage nach Alkohol am Steuer oder um etwaige Demenz-Gerüchte gedreht hatten, dass ein solcher Eiertanz folgen würde, war uns klar, noch bevor der Unfall genau rekonstruiert werden konnte.

---

3 Vgl. https://oesterreich.orf.at/stories/3030854/

KAPITEL 5

Kraft und Philosophie

Schon in den Tagen, Monaten und Jahren vor dem Unfall hatten wir bemerkt, dass sich etwas verändert hatte. Vielmehr, dass Papa sich verändert hatte. Während ich diese Zeilen niederschreibe, sind wir mit seiner Demenz-Diagnose bereits an die Öffentlichkeit gegangen. Papas Unfall liegt knappe drei Monate zurück. Wir haben mit der Stellungnahme zu seinem Gesundheitszustand gewartet, bis alle Ermittlungen und das Verfahren zum Unfall eingestellt werden konnten.

Zu diesem Zeitpunkt hatten die auf den Unfall folgenden Untersuchungen, die bildgebenden Verfahren und die psychologischen Tests, die Diagnose Demenz vom Alzheimer-Typ final ergeben. Mit unserem öffentlichen Statement wollten wir, wollte auch Papa allen anderen Betroffenen Mut machen. Betroffenen genauso wie ihren Angehörigen. Wir sind an die Öffentlichkeit gegangen, um auch die Gesellschaft für das Thema Demenz zu sensibilisieren. Um zu zeigen, dass es eben auch jemanden wie den „Didi" treffen kann, der Zeit seines Lebens als „Hans Dampf in allen Gassen" galt, gerne von der Presse als „Feuerwehrmann" bezeichnet und mit einem Retter in der Not gleichgesetzt wurde. Den Didi, der über Jahre hinweg von Fußballmannschaft zu Fußballmannschaft geschickt worden war, um dort zu retten, was noch zu retten war. Genau jener Retter würde nun selbst auf Hilfe angewiesen sein.

Am 21. September, als der erste Artikel über Papas Erkrankung in der Tiroler Tageszeitung erschien, hielten sich meine Eltern gerade in Sharm el Sheikh auf, wohin es die beiden seit vielen Jahren mehrmals jährlich zieht.

Es war zufällig genau der Tag, an dem die Ankündigung für einen meiner Kurse zum Thema Resilienz, also „psychische Widerstandsfähigkeit", in derselben Zeitung erschienen war. „Welche Ironie", dachte ich mir, zumal ich vorher nicht von jener Veröffentlichung an genau demselben Tag gewusst hatte. Welch eine Ironie, zumal ich wohl selbst an diesem und den folgenden Tagen einmal mehr psychisch widerstandsfähig sein musste. Genau deshalb hatte ich beschlossen, gemeinsam mit Matthias, unserem vierbeinigen Allzeitbegleiter „Abyadh", Matthias' Cousin Til und seiner Freundin Alste zu einer Wanderung aufzubrechen, anstatt die Berichterstattung zu verfolgen. Wir hatten gerade die Umbrüggler Alm unweit von Innsbruck erreicht, als ich Jürgen Bodenseer, den ehemaligen Wirtschaftskammer-Präsidenten von Tirol, mit seiner Familie entdeckte. Als Didi Constantinis Tochter erkannte ich den bekennenden Fußballfan sofort wieder. In seiner Funktion als Präsident von FC Tirol Milch Innsbruck hatte er meinen Papa im Jahr 1995 von Baumit Admira Wacker abgeworben und ihn für die folgende Saison als Trainer nach Innsbruck geholt.

„Für mich ist Constantini ein Zuschauermagnet. Für mich ist Constantini ein Mann mit sehr viel Einfühlungsvermögen in die Spieler. Für mich ist er auch ein Mann, der sehr hart trainieren kann", hatte er Papa damals in höchsten Tönen gelobt.

Mit dieser Einschätzung hatte der Präsident recht: Papa hatte nicht nur kurz zuvor Admira Wacker den Einzug in die UEFA-Qualifikation ermöglicht, sondern er sollte diesen Erfolg 1995

Nicht nur als Spieler war Papa in Tirol aktiv.
Foto: GEPA

und 1996 gleich zweimal mit der Innsbrucker Mannschaft wiederholen. Allerdings musste er nach jener erfolgreichen Saison auch Kritik einstecken, und er übergab die Mannschaft im Jahr 1996 schließlich an Heinz Peischl. Letzterer wurde Papa im Übrigen bereits Jahre zuvor von seinem Ziehvater Ernst Happel als Co-Trainer vorgeschlagen. Eine Zusammenarbeit, die 2010 auch tatsächlich zustande kam und zu einer bis heute andauernden Freundschaft führte.

Ich beschloss also, mich dem mittlerweile pensionierten Jürgen Bodenseer zu erkennen zu geben. Zu diesem Zeitpunkt wusste ich bereits, dass unser Statement in der Zeitung erschienen sein musste, und vermied es, mein Mobiltelefon nach Reaktionen zu durchforsten. Schließlich wollte ich den Tag genießen.

Jürgen hatte von unserer familiären Verlautbarung anscheinend noch nichts mitbekommen, denn er erwähnte eine Demenzerkrankung mit keinem Wort. „Ah, die Tochter vom Didi. Wie geht es ihm? Sag ihm bitte liebe Grüße", begrüßte er mich. Wie es der Zufall wollte, war an diesem Tag auf der Hütte (der wunderschöne Herbst hatte viele Wanderfreunde in die Tiroler Bergwelt gelockt) nur mehr neben uns ein Platz frei, sodass sich Jürgen, seine Frau und sein Sohn neben uns hinsetzten und wir angeregt zu plaudern anfingen. Nach dem moderaten Aufstieg schmeckten die köstlichen Hüttenspeisen besonders gut, und die Unterhaltung rief mir immer wieder Papas Trainervergangenheit in Erinnerung. Genau wie Jürgen Bodenseer waren sehr, sehr viele Menschen von Papa begeistert. Von seiner sehr lockeren, bodenständigen und unaufgeregten Art. Und von seiner Bescheidenheit.

Schon im Jahr 1979, als er noch beim LASK spielte, stellte Papa einmal fest, dass ihm eine von ihm als Spieler durchaus ersehnte Einberufung ins Österreichische Nationalteam „sicher nicht in den Kopf steigen" und er vielmehr „der Alte bleiben" würde. Auch wenn er es als Spieler nicht in jene Mannschaft geschafft hatte, so war er seinem Vorhaben, „immer bescheiden zu bleiben", stets treu geblieben. Jene Bescheidenheit wusste Papa auch seinen Spielern beizubringen. Als der Vater eines der heutigen Top-Kicker meinen Papa zum Karrierestart seines Sohnes anrief, um sich über das angemessene Gehalt für den Wechsel zu einem neuen Club zu erkundigen – schließlich sollte sein Sohn zum dortigen Einstieg keinen schlechten Deal machen –, verzichtete Papa darauf, ihm eine Summe zu nennen, und empfahl ihm stattdessen, sich ein Wörterbuch zur Hand zu nehmen und darin das Wort „Demut" nachzuschlagen.

Die Botschaft war klar und deutlich. Wenige Tage nach diesem Telefonat meldete sich besagter Vater noch einmal bei Papa, bedankte sich und meinte, es sei alles zu ihren Gunsten entschieden worden. Der Spieler verdient heute mehrere Millionen Euro im Jahr. Der Deal war also gut ausgegangen – soweit ich das als Fußball-Laiin einschätzen kann.

Trotz seiner zahlreichen Engagements, seiner hochgelobten Erfolge und des ungeheuren Rummels um seine Person hatte Papa sich stets jene Demut bewahrt und war, wie er vorhergesagt hatte, immer der Alte geblieben. Einer, der stets nach dem Motto „Leben und leben lassen" gehandelt hatte und in Interviews gerne darauf hinwies,

Papa blieb auch als Trainer der Österreichischen Nationalmannschaft, wie hier im Jahr 2009, einer, der selbst mit anpackte.
Foto: APA

Was es auch war, das Papa Erfolge bescherte. Er war immer dankbar dafür.
Foto: APA

„dass viele gar nicht wissen, was sie in der Privatwirtschaft arbeiten müssten, um so viel zu verdienen". Zum Thema Neid meinte Papa außerdem, dass er selbst auf andere Menschen nie neidisch gewesen sei, weil man, „wenn man nur nach anderen schaut – sein eigenes Glück nicht finden kann."

Als Tochter bin ich froh, dass Papa im Leben sein Glück gefunden hat. So wie er es 2015 in einem Interview zu seinem 60. Geburtstag gegenüber der Tiroler Tageszeitung ausdrückte:

„Wir Constantinis haben das Klischee ‚arm, aber glücklich' erfüllt. Uns ist gelehrt worden, im Erfolg die Nase nicht allzu hoch zu tragen, und in schwierigen Zeiten den Kopf nicht in den Sand zu stecken. So bin ich grundiert. Mich hat der Fußball gelehrt, dass Talent nicht gerecht verteilt ist.[4] Manchmal glaube ich, dass ich meine fußballerischen Defizite mit viel Willen und Anstrengung wettgemacht habe, manchmal glaube ich auch, dass ich einfach mehr Glück als andere hatte!"

---

4 Papa hat seinem Bruder Germar immer mehr Talent zugesprochen als sich selbst.

Ganz egal, ob es Glück, harte Arbeit oder sein unbändiger Wille gewesen ist – Papa hat sein Leben genossen, und so konnte ich Jürgen Bodenseer auch an diesem Nachmittag auf die Frage, wie es ihm denn gehe, getrost erwidern, dass er sich wohlfühle. „Dass er sich vielmehr wieder wohlfühle", dachte ich mir an dieser Stelle – aber darauf werde ich später noch zu sprechen kommen.

Vor unserem Aufbruch klärte ich Jürgen noch auf der Hütte darüber auf, dass Papa an Demenz erkrankt sei und wir als Familie diese Diagnose genau an diesem Morgen öffentlich gemacht hatten. Es wäre mir komisch erschienen, ihm gegenüber nichts zu sagen, wenn wenig später nahezu alle österreichischen Zeitungen darüber berichten würden.

Statement

$\sim$

(erschienen in der Ausgabe der Tiroler Tageszeitung vom 21.09.2019)

Nach Abschluss aller polizeilichen Ermittlungen folgt nun das abschließende Statement von Didi Constantini und seiner Familie zum Autounfall Anfang Juni:

Nachdem die Geschehnisse das öffentliche Interesse über alle Maßen betroffen haben, müssen wir an dieser Stelle einwenden, dass die mediale Vorwegnahme der genauen Abläufe für uns unverständlich ist und bleibt. Wir versuchen auch jetzt noch nachzuvollziehen, warum Unbestätigtes achtlos weitergegeben wird. Auch diejenigen, die sich als Unbeteiligte unmittelbar nach dem Unfall mit Vermutungen an die Polizei gewandt und sich so in laufende Ermittlungen eingemischt haben. – Wir versuchen zu verstehen. Die Motive mögen vielfältig sein ...

Umso mehr bedanken wir uns für die Anteilnahme und die vielen ehrlich gemeinten Nachfragen sowie all den positiven Zuspruch und die großartige Unterstützung von Familie, Freunden, Herzensmenschen und Bekannten, die uns in den vergangenen Monaten erreicht haben.

Auch den behandelnden ÄrztInnen, allen Schwestern und PflegerInnen sowie allen weiteren UnterstützerInnen gilt unser größter Dank! Erst jetzt und damit nach allen polizeilichen Einvernahmen sowie der Rekonstruktion des Unfalls und der Einholung aller notwendigen Unterlagen können wir bestätigen, dass der Unfall aufgrund eines Wendemanövers durch Didi passiert ist. Auf den Unfall folgten einige Untersuchungen, wodurch eine Demenzerkrankung bei Didi festgestellt wurde, die den Unfall mitbedingt hat.

An dieser Stelle möchten wir uns auch auf diesem Weg nochmals bei der in den Unfall verwickelten Familie entschuldigen und im Speziellen dem Sohn alles Gute wünschen! Für die menschliche und unkomplizierte Kommunikation während der Geschehnisse der vergangenen Monate, die allen voran Didi sehr bedauert, möchten wir uns ebenfalls bei der Familie bedanken!

Nachdem uns als Familie die bisherigen Gerüchte zu Didis Gesundheitszustand durchaus bekannt waren, wir aufgrund unzureichender Untersuchungen bisher jedoch nichts davon bestätigen konnten und wollten, hoffen wir mit diesem Statement alle sonstigen Vermutungen ausgeräumt haben zu können. Gerne festhalten möchten wir an dieser Stelle, dass Didi sich über persönliche Nachfragen und Anrufe sehr freut, nach wie vor und ob seiner Erkrankung – die sehr viele aus unserer Bevölkerung betrifft – gerne Veranstaltungen besucht und seine Pension mit viel körperlicher Betätigung – ob auf dem Berg oder dem Golfplatz – verbringt.

Aus Gründen des Respekts Didi und seiner Familie gegenüber möchten wir darum bitten, sich an unser Statement zu halten, die reißerischen Schlagzeilen möglichst auszusparen (Jenen Medien, die nur davon leben, werden wir es wohl nachsehen müssen), und gerne auch den Kontakt zu Didi, der das Zusammensein mit Menschen und die Öffentlichkeit bis heute sehr schätzt, persönlich zu suchen und zu halten. Vielen Dank für das Verständnis!

Didi mit Familie

Dass Papa sich vor allem in den Jahren vor dieser Diagnose nicht immer wohlgefühlt hatte, daran musste ich beim Abschied von Jürgen Bodenseer denken. Wir als Familie hatten bereits über einige Jahre hinweg beobachtet, dass sich Papas einstige „Glücksgefühle" mit seinem Rückzug aus dem Fußballgeschehen zunehmend verringert hatten.

Den Anfang hatte der „Stimmungswechsel" mit seinem Rückzug aus dem Fußballgeschehen gemacht. Dieser Rückzug vollzog sich über mehrere Jahre. Begonnen hatte es damit, dass Papas Vertrag mit dem Österreichischen Fußballverband und damit seine dortige Nationaltrainertätigkeit im Jahr 2011 verfrüht zu Ende gegangen war.

Zwei Jahre zuvor – am 4. März 2009 – war Papa als Chefrainer von dem damals neu einberufenen Präsidenten Leopold Windtner zum Österreichischen Nationalteam gerufen worden. Karel Brückner hatte seinen Trainerposten kurz zuvor geräumt, und Papa trat mit seinem Team, bestehend aus Co-Trainer Manfred Zsak (sowie ab 2010 Heinz Peischl), Sportdirektor Willi Ruttensteiner und Tormann-Trainer Franz Wohlfahrt an. Ende September desselben Jahres wurde der Vertrag für die Dauer der anstehenden Qualifikation zur UEFA EURO 2012 in Polen und der Ukraine verlängert.

In den folgenden Monaten sollte Österreichs Team im Zuge jener Qualifikation auf keine Geringeren als die Mannschaften aus Kasachstan, Aserbaidschan, Belgien, der Türkei und Deutschland treffen. Papa, der stets dafür bekannt gewesen ist, sich mit seinen Gegnern besonders gut auseinanderzusetzen, bemühte sich auch Zeit seiner Nationaltrainertätigkeit darum, möglichst viele Spiele jener Gegner beobachten zu können. Bewaffnet mit Stift, Notizblock und ganz in Spionagemanier nannte man ihn schließlich nicht umsonst schon Jahre zuvor den „James Bond" der Fußballwelt.

Die Bilanz der insgesamt 23 Spiele mit dem Nationalteam, die in den nächsten Monaten folgen sollten, reichte mit sieben Siegen,

Leopold Windtner und Papa bei der Unterzeichnung der Vertragsverlängerung von Papas Trainerposten im September 2009.
Foto: APA

Die „jungen Wilden" wurde das Österreichische Nationalteam von damals gerne genannt.
Foto: GEPA

drei Remis und 13 Niederlagen nicht aus, um Papas Vertrag ein weiteres Mal verlängern zu können. „In beiderseitigem Einvernehmen" entschieden sich Leo Windtner und Papa also dafür, das Vertragsverhältnis nach dem 0:0 gegen die Türkei im September 2011 frühzeitig aufzulösen.

Erstmals in seiner Karriere war Papa, der bis dahin stets als „everybody's darling" gehandelt worden war, zu dieser Zeit auch auf Gegenwind von Seiten einiger Journalisten gestoßen. Die negativen Meldungen jener, die ihn ansonsten stets hochgelobt hatten, sollten nachwirken. So gut er in seiner Karriere, wie bereits angesprochen, mit wechselnder Bewunderung, Rücktritten von Teams und so mancher Niederlage umzugehen wusste, so schwierig sollte ihm nun dieser Ausstieg fallen.

Auch wenn ich nur laienhaft die Position des Abseits beschreiben kann (Papa hat immer wieder sehr viel darangesetzt, mir diese Position zu erklären, und sie mir zu meinem besseren Verständis gefühlte hundert Mal sogar aufgezeichnet), so stelle ich mir vor, dass er sich in jener Zeit ins Abseits gedrängt gefühlt haben muss. Plötzlich besetzte er die Position, in der sich niemand im Fußball wiederfinden möchte. Ich weiß, wie gerne er damals noch mehr Zeit in den Aufbau einer sehr jungen Mannschaft investiert hätte. Schließlich hatte Papa nicht weniger als 18 jungen Spielern ihr Nationalteam-Debüt ermöglicht, allen voran dem damals erst 17-jährigen David Alaba, der heute bei einem Marktwert von 52 Millionen Euro steht und erfolgreich für Bayern München kickt. Am 11. Oktober 2009 war es gewesen, dass Papa David, damals Spieler von FC Bayern München II, vom U21-Team ins A-Team berufen hatte. Der Wiener, dessen familiäre Wurzeln auf die Philippinen und nach Nigeria zurückgehen, war gerade erst mit der U21-Mannschaft von Baku retour nach Wien gekommen, um noch in jener Nacht nach Seefeld ins Trainingscamp der „Großen" weiterzureisen. Nur vier Tage später wurde der Weltklassespieler von Papa im WM-Qualifikationsspiel gegen Frankreich in der 80. Spielminute im Stade de France gegen Christian Fuchs eingewechselt.

Während dieser zweijährigen Nationaltrainertätigkeit hatte Papa aber neben jenem Ausnahmetalent auch noch weiteren Nachwuchsstars, wie Marko Arnautović, Aleksandar Dragović, Julian Baumgartlinger oder Daniel Royer, fußballerisch den Weg geebnet.

Papas Amtszeit beim Österreichischen Nationalteam hatte sich in der Zeit von 2009 bis 2011 zum dritten Mal wiederholt. Erstmalig war er schließlich bereits im Jahr 1991 zum rot-weiß-roten Team gerufen worden, um den Interimstrainerposten zu besetzen, nachdem Alfred Riedl die Nationalmannschaft im Oktober 1991 nach der Niederlage

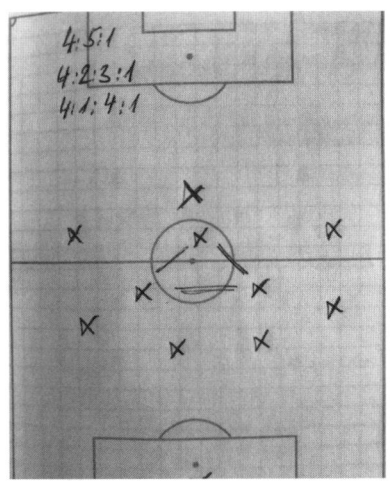

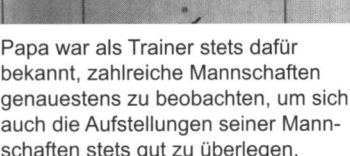

Papa war als Trainer stets dafür bekannt, zahlreiche Mannschaften genauestens zu beobachten, um sich auch die Aufstellungen seiner Mannschaften stets gut zu überlegen.
Foto: Constantini

Mit der Team-Einberufung David Alabas holte Papa einen Spieler, der heute zu den weltbesten Kickern zählt.
Foto: APA

Der ÖFB-Kader von 1992 mit Trainer Ernst Happel (rechts) und Papa als Co-Trainer (links)
Foto: APA

gegen Dänemark verlassen hatte. Und auch, um nach der vorübergehenden Übernahme Fußballlegende Ernst Happel als Co-Trainer erhalten zu bleiben.

„Wödmaster" Happel – unter dessen 17 erreichten Titeln mit sechs europäischen Clubmannschaften zwar kein WM-Titel zu finden ist, der aber dennoch stets als „wahrer Meister im Fußball" galt – war im selben Jahr erstmals auf Papa getroffen. Bei einer Trainertagung im Scandic Hotel in Wien war es schließlich Papa gewesen, der dem Erfolgstrainer frech auf dessen Feststellung: „Unsere Co-Trainer haben ja alle a Lungenentzündung!" mit „Herr Happel, ich glaub, Sie sind da falsch informiert. Ich hab ka Lungenentzündung" geantwortet hatte.

Dass Papa weder ein „Feiger" noch ein „Duckmäuser" war, imponierte dem gebürtigen Wiener Happel, der ihn nun künftig als „Zauberlehrling" in seinem Team behalten wollte. Die Österreichische Mannschaft befand sich während der Saison 1991 in der Gruppe sechs der Qualifikation für die WM 1994, wobei ihre Gegner Frankreich, Schweden, Bulgarien, Finnland und Israel gewesen sind.

Das Spiel von Österreich gegen Gruppengegner Israel sollte für den bereits Jahre zuvor an Magen-, Leber- und Lungenkrebs erkrankten Happel sein letztes live erlebtes Spiel sein. Auch an jenem 28. Oktober 1992 war es bereits Papa, der die Mannschaft aufs Feld führen durfte, während der Cheftrainer erst nach der Hymne auf die Bank gekommen war.

Zwar war es stets Ernst Happels Wunsch gewesen, wenn es so weit wäre, einmal „auf der Bank zu sterben", das von ihm so ersehnte Freundschaftsspiel zwischen Österreich und Deutschland im Nürnberger Stadion sollte ihm im November 1992 jedoch nicht mehr gegönnt sein.

„Jetz geh ma auf a Zigaretten", hatte Happel kurz vor dem Anpfiff zu Papa gemeint, als der ihn in der Innsbrucker Klinik besuchte. „Und am liebsten wär mir, ihr spielt's mit den Deutschen ,Hollywood', da werden's schaun, die Zauberer", gab er seinem Co-Trainer und „Buam" die gewünschten Spielzüge für den weltmeis-

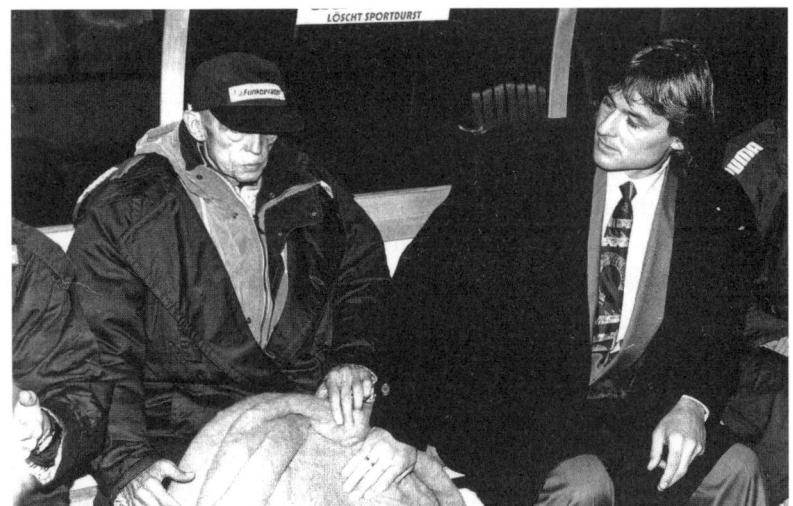

Ernst Happel war von seiner jahrelangen Krebserkrankung beim Spiel Österreich gegen Israel bereits sichtlich gezeichnet. Das Duell live zu erleben wollte sich der „Wödmaster" dennoch nicht nehmen lassen.
Foto: APA

Ernst Happel setzte Papa während seiner Trainertätigkeit beim österreichischen Nationalteam 1991 bis 1992 als Co-Trainer ein. Hier wurden die beiden beim Teamtraining im Salzburger Hallein Rif abgelichtet.
Foto: Krug

terlichen Gegner weiter. Die Gegner, die sich Happel für die Freundschaftsspiele seiner Mannschaften aussuchte, konnten tatsächlich nie weltmeisterlich genug sein. Papa meinte Jahre später: „Er hätte am liebsten jeden Tag gegen Brasilien gespielt!"

Happel ahnte zum Zeitpunkt dieses bevorstehenden Deutschland-Schlagers wohl bereits, dass er seinen „Schlusspfiff", wie er selbst sagte, noch vor Anpfiff dieses Duells hören würde, und übergab Papa noch die letzten Anweisungen. Auch ein penibel ausgeheckter „Ausbruchs-Plan" aus der Innsbrucker Klinik, um Happel doch noch zu jenem Spiel zu entführen, den mein Papa gemeinsam mit Alfred „Gigi" Ludwig (damals Generalsekretär vom ÖFB) und Heinz Palme (damals ÖFB-Pressechef) ersonnen hatte, sollte nicht mehr in die Tat umgesetzt werden.

Wenige Tage vor dem Spiel hatte Happel seinen Betreuerstab beschworen: „Jungs, holt's mi da raus! Fahrt's mit dem Auto vor und holt's mi nach Nürnberg", wie mir auch Heinz Palme bestätigen konnte. Dass nicht nur Heinz, Gigi und mein Papa, sondern auch die gesamte Fußballnation den Wödmaster zu jenem Spiel im November 1992 „gedanklich mitnahmen", bestätigte mir Heinz Palme bei einem Telefongespräch ebenfalls.

Aber es war letzten Endes zu spät, um für einen solchen Ausbruchsversuch „Schmiere zu stehen", wie Papa dem „Ernschtl" Tage zuvor versucht hatte, begreiflich zu machen. Ernst Happel, sein Vorgesetzter, Arbeitskollege, aber noch viel mehr Freund, sportliches Vorbild und Mentor verstarb am 14. November 1992. Vier Tage vor dem von ihm so ersehnten Spiel gegen Deutschland und kurz vor seinem 67. Geburtstag.

„Ein Tag mit Happel ist wie ein Tag an der Universität. Er ist nicht betriebsblind und reagiert sofort auf einfachste Sachen, die andere gar nicht sehen – ein Genie. Er ist der einzige Trainer der Welt, der vier Augen besitzt und die Weisheit mit dem Löffel gegessen hat!"

An die Augen Happels erinnert sich mein Papa bis heute. Als er Jahre nach dem Tod seines Idols auf die mittlerweile erwachsene

Enkelin Happels, Christina, getroffen war, wusste er sofort: „Boah, des Gsicht kenn ich. Lass mi nachdenken." Um die Wienerin kurz darauf durch ihre „Happel-Augen" als Enkelin seines Mentors zu identifizieren.

Ernst Happel junior erzählte mir, Papa habe noch rund zehn Jahre nach dem Tod seines Vaters einem belgischen Journalisten auf dessen Frage, ob er meine, Happel könne auch heute noch mit Österreich Erfolg haben, erwidert: „Auf jeden Fall. Der Happel war ein Alien. Er war allen Lichtjahre voraus."

„Pass auf auf den Alten, dass nix passiert!", hatte Ernst Happel junior meinen Papa zu Lebzeiten seines Vaters vor den vielen Reisen der beiden stets angewiesen. Und Papa hatte diese Bitte immer befolgt. Auch dann, als Happel schon schwächer auf den Beinen und mehr in der Klinik als auf dem Platz war. Ohne irgendwelche Details preiszugeben, stellte Papa dann den Medien gegenüber nur fest: „Er hat die Philosophie, ich hab die Kraft."

Jene Philosophie, die für ihn bis heute wertvoller als vieles andere ist, versuchte Papa nach dem Ableben Happels nicht nur an die Spieler der damaligen Nationalmannschaft weiterzugeben, sondern er folgte auch Zeit seiner weiteren Karriere jenen Grundsätzen, die ihm sein Vorbild Ernst einst gelehrt hatte.

Sehr hoch schätzte Papa die Strenge und Disziplin seines Ziehvaters, die er später als Trainer selbst forderte, aber eben auch dessen Menschlichkeit. Genau so wie Happel setzte er immer auf motivierte und ehrgeizige Sportler, ließ sich nie vom „Schein", sondern immer nur vom „Sein" beeindrucken.

„Früher hamma gespielt mit den Stutzn unten, mit den Leiberln draußen, und jetzt achten die Schiedsrichter schon sehr drauf, dass die Stutzn oben sind und alles korrekt ist. Dass des Leiberl in da Hosn is. Vielleicht sollt ma wieder mal probieren – weil ma früher a bissl besser gspielt haben –, dass ma wieder des Leiberl a bissl außetuan und die Stutzn unten lassn", merkte Papa Jahre nach dem Ableben Happels angesichts der Leistungseinbrüche im Fußball kritisch an. Auch wenn Spieler manches Mal vielleicht weniger Talent als andere

Happel hatte die Philosophie, Papa die Kraft. Kraft, die er bis zuletzt im Sinne des Wödmastas einzusetzen wusste.
Foto: Krug

hatten, setzte er vor allem auf jene, denen ihre Stutzen und etwaige Zeitungsinterviews weniger wichtig waren als die Leistung auf dem Platz. Wie Ernst Happel hatte Papa zwar ein gutes Auskommen mit vielen Pressevertretern – in Happels Fall eher „ausgewählten" – oder „Zauberern", wie Happel die Meinungsbildner aus den Medien gerne nannte, aber weder Happel noch Papa redeten ihnen „nach dem Mund".

Im November 1992, nach Happels Tod, war es dann Papa, der die Nationalelf in jenem Freundschaftsspiel gegen Deutschland, das als Ernst-Happel-Gedenkspiel in Nürnberg stattfand, coachen durfte. „Die Spieler haben genau des gmacht, was der Trainer[5] vorgegeben hat dieses Jahr. So viel, wie die Spieler dieses Jahr vom Trainer profitiert haben, glaub i, können sie gar nit abschätzen. Ich hab vor dem Spiel einen Block von seiner Lebensgefährtin von ihm bekommen, da sind seine geheimsten Aufzeichnungen drinnen, auf was es im Fußball ankommt. Ich hab das 18-mal kopieren lassen und hab's jedem Spieler auf sein Zimmer mitgegeben, und sie haben's befolgt", beschrieb

---

5 Anm.: Gemeint ist Ernst Happel.

„Es wird so sein, als würde der Trainer neben mir sitzen", sagte Papa vor dem Nürnberg-Spiel. Neben sich auf die Trainerbank hatte er Ernst Happels Kappe und eine Rose für seinen verstorbenen Freund gelegt.

Foto: Fotograf und Zeitung unbekannt

Papa als viel zitierter „Schüler Happels" die Überbringung jener „Erbschaftsverwaltung" bei dem Match, das vor rund 50.000 Zusehern schlussendlich 0:0 ausgegangen ist. Um auf die Frage, ob es denn auch Ernst Happels Spiel gewesen sei, zu antworten: „Es war auch sein Spiel. Und ich weiß, dass er a riesen Freud ghabt hätt."

„Ich habe einen Kader hinterlassen, der Basis für eine gute Weiterarbeit sein kann. Sie müssen nur was daraus machen, müssen daran glauben. Wie es gehen kann, hab ich, glaube ich, vorgezeigt – und sie haben es verstanden, die Spieler. Sie müssen stolz sein auf die Nationalmannschaft, eine innere Beziehung haben, sonst nix. Es war ein schönes Jahr. Ich bin froh, dass ich das angenommen hab. Wirst sehen, da wird was draus, sag das allen!", hatte Happel kurz vor seinem Tod noch seiner Lebensgefährtin gesagt. Die – genauso wie Happels Sohn Ernst junior – bestätigte, wen sich der Trainer als seinen Nachfolger gewünscht hätte: „Ernst hat mit mir sehr offen gesprochen, und auch, soviel ich von ihm weiß, ein paarmal deponiert, dass, wenn es bei einer österreichischen Lösung bleibt, sehr wohl Dietmar Constantini der Mann wäre und er sich die Leute rund um sich herum selbst suchen soll."

Ein Ziehvater und sein Ziehsohn. Nicht nur fußballerisch, sondern vor allem auch menschlich verband die beiden sehr viel.
Foto: Kristian Bissuti

Geworden ist der neue Trainer 1992 Papas Freund Herbert „Schneckerl" Prohaska und eben doch nicht Happels „Ziehsohn". Papa selbst wollte nach Happel keinem anderen Trainer mehr als Co zur Verfügung stehen. „Vor Weihnachten hab ich schon zu Mauhart[6] gesagt, so schaut's aus, i will koa Co-Trainer mehr sein. I war in Arabien Co-Trainer, i war beim Hans Krankl Co-Trainer und jetzt dieses Jahr bei Ernst Happel, aber irgendwann muss Schluss sein."

Zu prägend war wohl das Wissen, das er von seinem Meister gelernt hatte, und das er von da an selbst als Trainer an seine Mannschaften weitergeben wollte.

„Der hat mich geliebt", hat Papa, auf Happel angesprochen, auch uns Kindern oft gesagt. Eine ähnlich lautende Zeile schaffte

---

6 Beppo Mauhart (1933–2017) war 1984–2002 Präsident des ÖFB.

es 1992 auch in die Zeitungen. Papa bezog damals in einem Interview wie folgt Stellung:

„Ich bin verliebt in Happel, und i mecht sagen – alle, de des a nit gern hören –, im Nachhinein noch amal: I war in den Menschen verliebt. Auf meine Art und Weise. Wenn es a Liebe gibt, a Art von Liebe zwischen einem 67-Jährigen und einem 37-Jährigen, dann haben wir des ghabt, und nit einseitig, sondern gegenseitig. Und des hab i g'merkt bei allen Gesprächen, die wir g'habt haben. Der hat mi gern g'habt, und i hab ihn gern g'habt. Was is da falsch dran? I hab des Glück g'habt, unter ihm zu arbeiten, was andere gern wollen hättn, und i hab des in keinster Weise ausg'nützt."

Ausgenützt hatte er jene Verbindung tatsächlich keinesfalls. Vielmehr hatte Papa auch in jener Position stets hart für den gemeinsamen Erfolg von „Vota"[7] und „Bua" gearbeitet:

„Für mich war die Arbeit mit Happel ein großes Glück, wobei sie auch für meinen Ruf gut war, das geb ich zu. Aber er hat mich als Trainer akzeptiert, sonst wär er nicht bei manchen Trainingseinheiten nach 20 Minuten gegangen. (…) das war für mich ein Kompliment, alles andere interessiert mi net. Ich hab von ihm g'lernt, dass man nix dem Zufall überlassen soll. Net links, net rechts schau'n, immer g'radaus. Und das nimmt mir niemand. I bin dem Happel nicht in Hintern gekrochen, i hab nix dazu getan, dass er mi mögen hat. I hätt der beste Bursch sein können, wenn i net guat gearbeitet hätt, dann wär i g'flogen!"

Und so war es Papa auch bei seinem Teamantritt im Jahr 2009 wichtig, jene Haltung weiterzuvermitteln: „Es geht darum, dass ma einfach des weitervermitteln kann, um was es geht. Dass jeder die Demut des Glücks mehr oder weniger erfasst, dass er a Fußballprofi is, und dass er eigentlich den geilsten Job hat, den es überhaupt gibt. Weil i einfach der Meinung bin, dass es a große Ehre is, im Nationalteam zu spielen. A für die jungen Spieler a Sprungbrett ins Ausland."

---

7 Vater

KAPITEL 6

Abseits

Wegen seiner Entscheidung für die jungen Spieler, auf die Papa ab dem Jahr 2009 im Rahmen seiner Trainertätigkeit beim Nationalteam setzte, wurde er vielfach kritisiert. Daran kann ich mich nicht als Fußballexpertin, dafür aber als Tochter noch gut erinnern. Die oft auch als „Boygroup" bezeichneten „jungen Wilden" wiesen schließlich ein Durchschnittsalter von 23,7 Jahren auf. Was ich von Papa weiß, setzten er und sein Team damals zum Unverständnis der Kritiker weniger auf Erfahrung als vielmehr auf den Ehrgeiz der Nachwuchsprofis.

Was nicht nur die Trainer, sondern wohl auch der ein oder andere Nachwuchskicker im Nachhinein gebraucht hätten, wäre Zeit gewesen. Doch Zeit gehört eben nicht zu den Faktoren, die im Sport verschwenderisch eingesetzt werden können. Vor allem nicht bei einer Mannschaft, die wie Papas damaliges Team aus sehr vielen jungen Talenten bestand. Talente, die sich – später – als wahre Profikicker entpuppen sollten.

„Der Jugendwahn hat's damals geheißen", meinte ein Journalist, der Papa ein paar Jahre nach seinem Rücktritt vom Nationalteam 2011 zu seiner Zeit mit dem Team befragte. „Jaja, der Jugendwahn", antwortete Papa darauf. „Des san aber die Wahnsinnigen, die jetzt die Spieler san, die beim Nationalteam die Klinge führen." Er sollte damit recht behalten. Schließlich führen die Klinge heute tatsächlich Spieler aus der Riege der damals erstmals einberufenen „Boygroup-Mitglieder".

Seinen Posten jedenfalls gab Papa am 13. September 2011 frei. Die abschließende Pressekonferenz, die wir uns als Familie live angesehen haben, verließ Papa ebenfalls verfrüht. „Dann sind wir jetzt fertig, oder?", fragte er sinngemäß noch in die Runde, bevor er von dieser größten Bühne seiner Trainerlaufbahn abtrat. Seine Enttäuschung über die ausgebliebenen Erfolge war groß gewesen, und doch wusste er – streng, wie er eben auch schon immer zu sich selbst gewesen war –, dass er die Entwicklung auf seine Kappe zu nehmen hatte.

Schließlich wusste zu diesem Zeitpunkt wohl kaum einer besser als er, wie dieses Business funktioniert. Keine Tore, kein Job – nichts einfacher als das, möchte man meinen. So war das Fußballgeschäft schließlich auch in den Jahren zuvor gelaufen. Jahre, in denen er nicht jede Mannschaft, zu der er als „Feuerwehrmann" gerufen worden war, hatte „retten können". Vielleicht, weil er zu spät geholt worden war, vielleicht, weil die Chemie schlichtweg nicht stimmte. Erfolge sind „nur über ernsthafte Arbeit, bedingungslosen Einsatz und die Bereitschaft, immer wieder dazulernen zu wollen, möglich", war Papa bereits nach Happels Tod 1992 überzeugt. Und damals hatte er seinen Traum, noch einmal bei der Nationalelf dabeisein zu können, offen ausgesprochen: „Ich wünsche mir, dass ich doch noch einmal Teamchef werde und mir wie Ernst Happel die Klubs und den Vereinspräsidenten aussuchen kann. Ich war schon immer ein Realist mit Träumen."

An den Traum, dass an jener damals so jungen Mannschaft festgehalten werden sollte, glaubte Papa auch nach seinem Abtritt. „I hab immer g'sagt, i hab den Vertrag bis 31. Dezember, und wenn

„Wenn die Stimmung in der Mannschaft gut ist und die Einstellung stimmt, dann schaffst du Sachen, die sonst nicht möglich sind!", war Papa schon immer überzeugt (hier im Bild mit seinen Co-Trainern Heinz Peischl und Manfred Zsak).

Foto: APA

Papa mit seinem damaligen Co-Trainer Heinz Peischl, der zwar im Dezember 2010 noch als Sportchef und CEO zum FC St. Gallen wechselte, bis heute aber einer von Papas engsten Freunden und gleichzeitig ein Mitglied unserer Familie geblieben ist.

Foto: APA

Mit Freund und Co-Trainer Heinz Peischl zog es Papa im Jahr 2010 zur WM nach Südafrika.

Foto: Constantini

i bis dorthin helfen kann, dann werd i des machen, und nach mir kommt dann der Nächste. Ich wünsch mir, dass sich der nächste Teamchef qualifiziert, weil ich glaube, dass sich die Mannschaft weiterentwickeln wird." Daran, dass Papa den damals neu einberufenen Teamchef Marcel Koller während einer unserer gemeinsamen Autofahrten angerufen hat, um ihm persönlich zu seinem neuen Posten zu gratulieren und alles Gute zu wünschen, kann ich mich noch gut erinnern.

Was Papa in jener Zeit zusätzlich zugesetzt hatte war, dass sich der Fußball zur Zeit seines Rücktritts aus dem Nationalteam generell verändert hatte. Aus den „Kämpfern", wie Papa die von Ehrgeiz getriebenen Spieler stets genannt hatte, von einst waren sogenannte „Wirker" geworden. „Wirker" zeichnen sich für meinen Papa dadurch aus, dass sie außer gut aussehen wenig können. Nur wirken, eben. Vor „Wirkern" wollte er seine Töchter auch als Vater immer bewahren. „Das ist ein Wirker", höre ich ihn über so manchen Mann sagen, den ich ihm im Laufe meines Erwachsenwerdens vorgestellt habe und der hauptsächlich schön, aber eben kein „Macher" gewesen ist. Gerne verglich er jene Personen auch recht drastisch mit „angeschossenen Fleischfliegen". Von dieser Sorte waren auch manche Spieler gewesen, denen Papa vor allem gegen Ende seiner Karriere auf dem Rasen begegnet war. Mit diesem Typus Mensch konnte er nie viel anfangen. Als Trainer war Papa stets „ein Verfechter des Kollektivs", gewesen, „damit sich keiner zu wichtig nimmt!" Andernfalls wird ein Spieler „zum unguten Hund", der „vom Typ Kumpel weit entfernt" ist, meinte er.

Für Papa haben sich diese Werte im Fußball zu jener Zeit verschoben, weshalb er in den Jahren nach seinem Rücktritt vom Nationalteam 2011 auch keinen anderen Posten mehr bei einer Mannschaft annehmen wollte, obwohl ihm einige angeboten worden waren. Und da gerade Nachwuchskicker nach wie vor jene Motivation zeigten, die sich Papa auch von den „Großen" eben oft gewünscht hätte, widmete er sich in den folgenden Jahren seinen Sommercamps.

Zu den „jungen Wilden" zählten auch Aleksander Dragović (damals 18 Jahre alt) und David Alaba (damals 17-jährig).
Foto: APA

Papa wusste, dass die gewünschten Erfolge ausgeblieben waren und er das ÖFB-Spielfeld als Trainer räumen musste.
Foto: APA

Abgänge kannte Papa Zeit seiner Karriere als Fußballtrainer genügend. Manche wogen schwerer als andere.
Foto: Krug

Und trotzdem: Auch wenn er Spaß daran fand, jene ehrgeizigen Kids zu coachen, die immer zahlreich zu den landesweiten Camps erschienen, seine Freude am Fußball nahm mit der Zeit nach und nach ab. Auch seine Auftritte in der Öffentlichkeit wurden weniger, sein Interesse, zu angefragten Themen öffentlich Stellung zu beziehen, schwand zunehmend.

Kein Wunder, dass auch das Interesse der Medien an seinen Stellungnahmen bald nachließ. „Alle rufen dich an, und plötzlich ruft dich niemand mehr an", erinnere ich mich an seine Worte einige Jahre nach seinem Karriereende.

An unserem Familienleben nahm Papa zwar weiterhin teil, doch seine Lust- und Antriebslosigkeit waren nicht mehr zu übersehen. Neue berufliche Herausforderungen, das Mitverfolgen der aktuellen Fußball-Geschehnisse im Fernsehen und live im Stadion oder auch Freizeitaktivitäten mit Freunden konnten ihn nicht mehr begeistern. Seine Freudlosigkeit machte sich bald in allen Lebensbereichen breit – und dies stellte uns vor so manche Herausforderung.

Früher hatte Papa kaum eine ruhige Minute gekannt. Wenn er nicht gerade bei einem Team als Trainer oder Sportchef stationiert gewesen war, bemühte er sich um die Erweiterung seiner fußballerischen Kenntnisse, indem er rund um den Globus jettete, um Spiele zu beobachten. Oder eben um Projekte zur Nachwuchsförderung auf die Beine zu stellen und bei Charity-Events mitzukicken. Noch heute, wenn wir gemeinsame Wien-Reisen antreten, erzählt er davon, wie viele tausende Kilometer er alleine in Österreich zurückgelegt hat. Nicht nur damals, 1992, als er beinahe wöchentlich zwischen Wien und Tirol hin- und hergefahren war, um Ernst Happel während seiner Zeit in der Innsbrucker Klinik mit Fußball-Anekdoten von seinem Team aufzumuntern.

Dazu kam, dass meine Schwester und ich in diesen Jahren seines schleichenden Rückzugs zunehmend selbstständiger wurden. Wir beide hatten das elterliche Nest verlassen und waren in unsere eigenen Wohnungen eingezogen. Meine Schwester Leni nach

Meinen Papa riefen tatsächlich
immer alle an.
Foto: APA/Votava Archiv

Wien und ich nach Innsbruck. Jetzt erwarteten ihn also an den Wochenenden keine Kinder mehr mit aufgeregter Wiedersehensfreude. Als Tochter, erinnere ich mich, wusste ich die damaligen Ereignisse nicht wirklich einzuschätzen. Zur Zeit seines Rückzugs vom Österreichischen Nationalteam war ich 18 Jahre alt und in den darauffolgenden Jahren zunehmend mit mir selbst beschäftigt. Noch dazu hatte Papa bisher alles im Leben immer so locker und zuversichtlich genommen, er galt als „Furchtlosigkeit in Person" und verlor seine Fröhlichkeit auch in den schwierigsten Stunden nicht. Den zahlreichen Journalisten war er stets mit seinem „Tiroler Schmäh" begegnet, auch dann, wenn deren Fragen seltsam ausfielen, wie einst bei einem Spiel seiner Innsbrucker Mannschaft unter Präsident Bodenseer:

„Nach dem großen Schock die Erleichterung?", fragte der Journalist und hielt ihm das Mikro kurz nach einem ausgleichenden Tor seiner Mannschaft unter die Nase.

„Na, des is Fuaßball. Nach drei Minuten a Tor is immer deppert. Des haut da die ganze Taktik normal übern Haufen, aber sie haben gleich weitergspielt, wie ma ausgmacht haben. Passt!", antwortete Papa cool.

„Nach dem 0:1 war a bissl Unsicherheit in da Mannschaft?", beharrte der Journalist.

„Ja, des ist normal", gab Papa zurück: „Sogar bei Brasilien is Unsicherheit drin, wenn's 0:1 hinten san nach drei Minuten. Und wir sind nur FC Tirol Milch Innsbruck."

Der „Realist mit Träumen" eben, wie er sich selbst charakterisiert hatte. Bis mehrere Faktoren auf einmal zusammenkamen und ihn jene bisherige Leichtigkeit einbüßen ließen. Als Familie war es uns auch in jener schleichend einsetzenden Lebensphase immer sehr wichtig, Papa selbst über seine Gesundheit und notwendige Unterstützungsmaßnahmen entscheiden zu lassen.

In den ersten Jahren, in denen sich seine Laune eingetrübt und sein Antrieb verringert hatten, wollten wir daher vorerst einmal abwarten, um ihm keine Unterstützungsversuche aufzwingen zu müssen. Die hätten ohnehin nicht gefruchtet.

Ungefähr drei Jahre nach seinem Rückzug aus dem Fußballgeschehen – so um das Jahr 2014 – begannen wir dann, ihn dazu zu motivieren, professionelle Hilfe zu suchen. Schließlich hatte sich die Situation nicht wirklich gebessert, und wir erlebten Papa immer seltener fröhlich und motiviert. Er zeigte sich vielmehr verbittert, ärgerlich und – zwar nie von uns –, dafür aber von sich selbst häufig enttäuscht. Ich habe in jener Zeit mehrmals Gespräche über Unterstützungsmöglichkeiten mit ihm geführt, bin dabei aber nicht wirklich auf offene Ohren gestoßen.

Schließlich ist Papa generell jemand, der nicht allzu viel von Kliniken oder medizinischen Behandlungen hält. Genauso wie er sich nie dringend notwendigen Untersuchungen unterziehen wollte. War einmal der seltene Fall eingetreten, dass er uns Kinder aufgrund irgendwelcher Verletzungen (meist durch Stürze vom Apfelbaum und manches Mal auch vom Pferd) in die Klinik begleiten musste, so ermahnte er uns stets: „Setzt euch ja nicht in die Rollstühle! Das macht man nicht aus Spaß!" Eine der wenigen Regeln, die er uns Kindern wohl aus Angst vor einer möglichen „selbsterfüllenden Prophezeiung" immer vorgegeben und die er selbst von seinem Vater übernommen hatte.

Obwohl dieser Grundsatz bestimmt immer sinnvoll gewesen ist, begegne ich auch in meiner beruflichen Praxis vor allem Männern über sechzig – es sind in dem Fall leider vorwiegend Männer –, die noch in einer Zeit aufgewachsen sind, in der es generell zum guten Ton gehörte, sich besser nichts anmerken zu lassen. So hatte Papa in seiner Zeit als Innsbruck-Trainer einmal Folgendes gesagt: „Ich bin draufkommen, dass im Fußballsport lauter ‚harte' Leute umrennen, dass aber nirgends so mimosenhaft reagiert wird wie hier. Mich stört auch oft was, aber es is doch oft viel g'scheiter, wenn man den Mund hält."

„Die Zähne zusammenbeißen" oder den „Mund halten" ist möglicherweise manchmal angebracht, jedoch vor allem im Umgang mit dem eigenen Wohlbefinden sollte das eher vermieden werden. Aber zu leugnen und wegzusehen ist eben oftmals der leichtere Weg. Vorübergehend zumindest. Der Besuch bei einem Professionisten, der sich um das psychische Wohlergehen kümmern sollte, kommt jedenfalls für viele Menschen nicht in Frage. So wollte Papa auch lange Zeit nicht wahrhaben, dass er aus jener depressiven Phase, die in diesen Jahren nach und nach von ihm Besitz ergriffen hatte, nicht selbst wieder rauskommen konnte. Ein gesunder Mensch kann sich vermutlich kaum vorstellen, wie es sich anfühlt, wenn man plötzlich aus einem bisher ungetrübten Leben gerissen wird. Wenn man – warum auch immer – den Boden unter den Füßen zu verlieren scheint und auch die Zeit diese Wunden nicht heilt, sondern sie nur noch tiefer werden lässt.

Was Papas Krankheitsbewältigung betrifft, so versuchte ich mit den Jahren, mich so gut wie möglich in ihn hineinzuversetzen. In seine Gefühlswelt nach seiner Karriere. In die Zeit, in der seine Enttäuschung über die Entwicklung, die seine Leidenschaft für das runde Leder getrübt hatte, groß gewesen war. In der er sich selbst zunehmend nutzlos gefühlt und keinerlei sinnvolle Beschäftigung mehr für sich gefunden hatte. Auch seine Ängste, die Familie nicht mehr so gut wie bisher versorgen zu können, versuchte ich nachzuempfinden. Obwohl wir uns als Familie stets darum bemüht haben, ihm unsere Zufriedenheit zu versichern – ganz egal ob er irgendeinen Trainerposten innegehabt hatte oder nicht.

„Mir is wichtig, dass es euch gut geht. I mach des schon", ließ Papa mich erst vor Kurzem wieder einmal wissen. Bis heute necken wir ihn ab und zu wegen seiner Frage: „Hättest du gerne eine warme Jacke?" Er stellte diese Frage uns Kindern nämlich zu ziemlich jeder Jahreszeit, um uns ja gut versorgt zu wissen, und musste darüber im Nachhinein meist selbst schmunzeln. Und das, obwohl er selbst – wenn überhaupt – sich einmal im Jahr zwei bis drei neue Kleidungsstücke zulegt. So wie eben in seiner Kindheit den Brüdern jede Weihnachten gemeinsam eine alte Rodel geschenkt worden war, die Oma lediglich vom Vorjahr neu angestrichen hatte. Papa hat immer schon weitgehend auf materielle Dinge verzichtet.

Aber für seine Familie wollte er stets ein guter Versorger sein, wir sollten unter seiner Obsorge nie etwas missen.

Auch aus diesem Grund hatten wir zuerst abgewartet, bis Papa selbst dazu bereit gewesen war, Hilfe in Anspruch zu nehmen. Und trotz unserer mehrfachen Angebote, ihn zu Ärzten, Therapeuten und Psychologen zu begleiten, dauerte das eben eine Weile.

Weshalb er sich schließlich und endlich doch dazu bereitfand, nach rund drei Jahren des Rückzugs erste Termine in Anspruch zu nehmen, kann ich nicht genau sagen. Er muss selbst das Bedürfnis gefühlt haben, etwas an seinem Zustand zu verändern. Zu der Lust- und Antriebslosigkeit waren nämlich mittlerweile auch Erinnerungslücken und Vergesslichkeit hinzugekommen. Und immer öfter musste er nach den richtigen Worten suchen. Das alles führte dazu, dass er die Öffentlichkeit immer mehr mied.

Ich erinnere mich dabei ungern an ein Interview, das er zur Eröffnung einer Ausstellung geben sollte und bei dem ihm plötzlich

Auch wenn wenig Geld da gewesen ist, familiäre Unterstützung hatte Papa (rechts im Bild) immerzu. Hier mit seiner Mama Johanna (rechts), Fußballfreund Richard Föger (ganz links) sowie dessen Mama Paula und Bruder Norbert (Mitte).
Foto: Richard Föger

die Worte abhanden kamen. Ausgerechnet ihm passierte das, dem „schlagfertigen Sunnyboy" mit den immer lockeren Sprüchen. In diesem Moment konnte ich nur allzu gut nachvollziehen, weshalb er den Austausch mit Menschen, den er sonst so liebte, zu vermeiden trachtete. Zumindest auf großen Bühnen.

An den Beginn einer Demenzerkrankung dachten wir als Familie nicht sofort, zumal die Symptome der Depression in vielen Fällen sehr jenen einer beginnenden Demenz ähneln. Bei der Depression gibt es ein Phänomen, das sich „Pseudodemenz" nennt. Es kann auf die Beeinträchtigung kognitiver Fähigkeiten durch Depressionen zurückgeführt werden. Auch mehrere Ärzte und eine Psychotherapeutin, die Papa dann damals aufgesucht hatte, waren nicht primär von einer Demenzerkrankung ausgegangen. Vielmehr wurden wir über die nächsten Jahre mit mehreren Krankheitsbildern konfrontiert, darunter die Verdachtsdiagnose einer Depression wie auch die einer beginnenden Demenz, deren Bestätigung eines zeitlichen Verlaufs und verschiedenster Verfahren bedurft hätten.

Um eine Demenz tatsächlich attestieren zu können, bedient man sich mehrerer medizinischer und psychologischer Methoden. Von Gesprächen mit Betroffenen und ihren Bezugspersonen angefangen – der sogenannten Eigen- und Fremdanamnese – über bildgebende Verfahren bis hin zu standardisierten psychologischen Testverfahren. Manche dieser Methoden werden über einen gewissen Zeitraum wiederholt, um den Verlauf eines kognitiven Abbaus aufgrund dementieller Veränderungen im Gehirn erst genau feststellen zu können.

Zur Abklärung jener Verdachtsdiagnose einer beginnenden Demenz wollte Papa sich damals jedoch keinen weiteren Behandlungen unterziehen. Er entschied sich damit gegen ein Verfahren, das vielleicht früher ein klareres Bild hätte liefern können. Aber eben auch nur vielleicht.

Dass Papas Verweigerung weiterer Untersuchungen unter Umständen an der sehr unsensiblen telefonischen Überbringung der Verdachtsdiagnose durch eine Ärztin gelegen haben mag, sei dahingestellt. Nicht alle Ärzte sind eben auch psychologisch wertvoll ...

Umso wertvoller waren therapeutische Sitzungen, die Papa im Laufe der Zeit in Anspruch nahm. Auch die Besuche bei Ärzten, zu denen er schlussendlich selbst bis nach Wien reiste, halfen ihm, sich mit seinen eigenen Gefühlen auseinanderzusetzen.

Phasenweise taten ihm all diese Behandlungen gut, dann wieder gab es Phasen, in denen er uns das Gefühl gab, er würde diese Hilfe nur wegen uns annehmen. „Warum soll ich da wieder hin", mussten wir uns dann anhören, obwohl wir ihn nie gedrängt hatten, diese Termine unseretwegen wahrzunehmen. Schließlich war uns als Familie einzig und allein wichtig, dass es ihm besser ging. Wissend, dass es damit auch unserer Familie besser gehen würde. „Papa, wegen mir musst du das nicht machen. Es geht um dich!", lautete meine Antwort kurz und bündig bei jenen Diskussionen.

Dennoch bewundere ich Papa heute sehr dafür, dass er sich nach wiederkehrenden Zweifeln schließlich doch für regelmäßige professionelle Hilfe entschied und jene Professionisten aufsuchte. Die Arzttermine und psychotherapeutischen Sitzungen trugen schlussendlich dazu bei, dass er sich wieder besser fühlte, wobei die Vernetzung der Professionisten ein wichtiger Aspekt war. Sein Gesundheitszustand besserte sich dadurch so weit, dass er nach Jahren des Rückzugs zuletzt sogar neue Sportarten wie das Golfen für sich entdeckte.

Den Kontakt zu alten Freunden nahm er ebenfalls wieder auf, und er ging wieder in die Öffentlichkeit. Das Malen bereitet ihm einmal mehr, einmal weniger Freude, doch setzt er sich gerne und bis heute mit neuen Tätigkeiten auseinander. Nicht zuletzt findet er wieder Freude an seinen Camps, deren administrative Leitung mittlerweile sein Freund und Fußballkollege Andi Schiener übernommen hat. Und dies so sehr, dass er es sich nicht nehmen ließ, wenige Wochen nach dem Unfall – mit einem Liegegips, also nicht unbedigt der Gipsart für einen überaus aktiven ehemaligen Fußballtrainer – mitzukicken.

Zwar haben den einstigen Erfolgstrainer heute eher die Eltern als die teilnehmenden Kinder in Erinnerung, doch das war Papa bereits vor Jahren nicht wirklich wichtig: „Kennt man Didi Constantini heute noch als ehemaligen Teamchef. Kennen die Kinder Ihren Namen?" – „Jaja, die kennen mi schon. Aber des is ma nit so wichtig. Ob jetzt der Sechsjährige weiß, dass i mal Nationaltrainer war, des is ma nit so wichtig. Mir is wichtig, dass er den Ball stoppen kann."

Gestoppt oder zumindest verlangsamt werden konnten also durch die Behandlungen, denen sich Papa schon vor dem Unfall unterzogen hatte, einige beeinträchtigende Symptome, unter denen er vor Jahren noch gelitten hatte. So verbesserten sich nicht nur seine Stimmung und seine Motivation, etwas zu unternehmen, sondern phasenweise milderten sich auch jene kognitiven Einbußen, die Vergesslichkeit, die Erinnerungslücken, ebenso wie er die

Herausforderungen, vor die er bei der Ausführung einst selbstverständlicher Handlungsabläufe im Alltag bis heute gestellt wird, besser bewältigte. Ob diese Einbußen schon damals an der Depression oder aber an einer bereits beginnenden Demenz gelegen haben, lässt sich heute nicht mit Sicherheit sagen. Jedenfalls waren sie die Ursache für die schon vor Jahren eingesetzten Gerüchte um seinen Gesundheitszustand. Weitere Gerüchte, die sich um Vermutungen rund um Morbus Parkinson oder eine Alkoholsucht gedreht hatten, konnten wir nie eindeutig bestätigen. Wir waren daher auch nie zuvor in aller Öffentlichkeit auf jene Vermutungen eingegangen.

Da die Wesensveränderung meines Papas natürlich auch Menschen in unserem unmittelbaren Umfeld aufgefallen ist, erscheint es mir wichtig, auf diesem Weg gründlich darüber aufzuklären. Denn auch uns nahestehenden Menschen konnten wir schließlich lange Zeit kein genaues Krankheitsbild vermitteln.

Ein Eiertanz war es dabei nicht nur, als Familie mit Papas Gesundheitszustand, d. h. mit möglichen Erkrankungen umzugehen, sondern auch über die Geschehnisse des Unfalls nachzudenken. Von diesem war erst nach Wochen der Ermittlungen klar geworden, dass er durch ein Wendemanöver meines Papas verursacht worden war.

In den Momenten, in denen ich also nach dem Unfall über die Frage „Autofahren ja/nein" nachdenken musste – nicht zuletzt angeregt durch die eifrigen Leserkommentare jener Tage –, kamen mir jedenfalls Erinnerungen an meine Kindheit in den Sinn. Hätte ich meinem Papa seinen Führerschein lieber schon als 11-Jährige abnehmen sollen? Damals, als ich während unserer zahlreichen Wien-Fahrten hinter ihm gesessen und ihn dabei beobachtet hatte, wie er bei Tempo 140 auf der Autobahn immer auf die Fußballartikel in der Zeitung, die locker über seinen Knien hing, gelugt hatte. Wäre das die Lösung gewesen?

Oder war er damals sicherer unterwegs? Damals, als er auf so manch erfolgreiches Spiel in der Kabine mit seiner Mannschaft an-

Dem Ballsport blieb Papa auch in seiner Pension treu. Noch heute zieht es ihn dafür auf den Rasen.
Foto: Constantini

Seit drei Jahren unterstützt Andi Schiener, der einst unter Papa spielte, das Fußballcamp.
Foto: Constantini

gestoßen hatte (von einem Alkoholproblem war mein Papa immer weit entfernt, weshalb diesbezügliche Gerüchte glücklicherweise niemals bestätigt werden konnten), um dann mit den Polizisten während der nächtlichen Kontrollen die gewinnbringenden Spielzüge zu analysieren. Ohne anschließend in ein Plastikröhrchen zu pusten, versteht sich natürlich.

Darüber schreibe ich so ausführlich, weil es einmal mehr zeigt, wie sehr sich auch hier der Umgang mit „Promis" von jenem mit der sogenannten Normalbevölkerung unterscheidet. Von diesen nächtlichen Spielanalysen weiß ich zudem so genau, weil er mir manches Mal fast stolz davon erzählt hat. Auch das gehört zum Eiertanz, denn als kleines Mädchen wäre es für mich undenkbar gewesen, mit erhobenem Zeigefinger das unvernünftige Verhalten von Papa zu rügen. So wie ich auch niemals auf die Idee gekommen wäre, Papa anzuweisen, während der Fahrt beide Hände am Lenkrad zu behalten. Schließlich genossen wir Kinder es, wenn er seine Hand hin und wieder zu uns nach hinten in Richtung Rückbank gestreckt hatte, damit sowohl meine Schwester als auch ich unsere Hände in die seine legten. In solchen Momenten lächelten Leni und ich uns an, während wir im Rückspiegel das breite Lächeln in Papas Gesicht sahen.

Bis heute finde ich keine Antwort darauf, ob ich nicht doch hätte versuchen sollen, seine Konzentration stets voll und ganz auf das Autofahren zu lenken. Viel zu stolz war ich doch, wie er sein Leben immer meisterte. Und dass wir ihn dabei oft auf seinen Reisen begleiten durften. Ganz egal, ob er uns Backstage in Fernsehstudios oder in luxuriöse Team-Hotels mitnahm.

Auch in meinem beruflichen Alltag, wenn ich auf Menschen treffe, die sich die gleichen oder ähnliche Fragen über die Selbstbestimmung eines geliebten und womöglich beeinträchtigten Menschen stellen, finde ich nie eine allgemeingültige Antwort. Eben weil es keine allgemeingültigen Antworten zu geben scheint. Auch nicht bei der Frage, wie lange ältere Menschen im Allgemeinen ohne Kontrolluntersuchungen Auto fahren sollen. Allgemein, weil schon mal nicht gesetzlich geregelt. Und wo sollte man mit jenen Gesetzesentscheidungen auch anfangen? Bei denen, die den sechzigsten Geburtstag erreichen? Bei denen, deren aufmerksames Umfeld erste Veränderungen bemerkt? Und was ist mit denen, die vielleicht viel früher als „normal" an einer altersbedingten Erkrankung zu leiden beginnen? Bei Depressiven, die vielfach die gleichen Symptome aufweisen wie jene, die später an einer Demenz erkranken? Bei denen Orientierung, Reaktionsgeschwindigkeit und Wahrnehmung zunehmend eingeschränkt werden. Und wer fängt damit an? Sind es Außenstehende? Sind es die Angehörigen? Ist es die Exekutive, die eingeschränkte Fahrer erst auf frischer Tat ertappen muss? Welche Partei wird freiwillig darauf pochen wollen, den – beispielsweise – Über-Sechzigjährigen ihre Selbstständigkeit zu nehmen? Immerhin bilden sie eine ungemein wichtige Wählerschar, oder nicht? So wie die Autofahrer, die gerne mal ein Gläschen mehr trinken, um den Schlüssel dann doch noch im Schloss zu drehen. Und was ist mit jenen, die nach Schlaganfällen oder unter Einfluss beeinträchtigender Medikamente ebenfalls im Straßenverkehr unterwegs sind? Ganz abgesehen von Leuten, die ich täglich mit dem Handy-Display vor der Nase beobachte – wobei ich mich beschämenderweise da selbst nicht immer ausnehmen kann.

All diese Fragen kann ich nicht beantworten. Was meine Familie betrifft, so müssen auch wir uns die Frage stellen, ob wir unserem „Familienoberhaupt" schon eher hätten vorschreiben müssen, wann er und wann er nicht mehr zu fahren hatte. Zumindest weil es vor uns weder ein Arzt noch ein Gesetzeshüter getan hatte. Tatsache ist, dass wir es nicht getan haben. Vielmehr bin ich bis zum Tag des Unfalls mit meinem Papa weite Strecken gefahren. Dabei wollte er stets hinters Steuer, sodass ich neben ihm auf dem Beifahrersitz und mit dem Laptop – statt wie er früher mit seiner geliebten Zeitung – auf den Knien arbeiten konnte. Während dieser Fahrten verspürte er wohl einen gewissen Stolz. Eben, weil er mich herumkutschieren konnte und sich in diesen Momenten von mir gebraucht fühlte. Das machte ihn vor allem in den Jahren nach seiner Karriere, in der Zeit, in der er sich ansonsten oft nutzlos gefühlt hatte, sichtbar glücklich – und mich damit auch. Und so genossen wir beide diese gemeinsamen Fahrten sehr.

Wenn es um Papa geht, so spricht vielleicht aus mir die blinde Tochterliebe. Ich war froh, dass er eine depressive Phase offensichtlich überstanden hatte und endlich wieder aktiv am Leben teilnehmen würde. Vielleicht hatte ich es versäumt, die notwendigen Schritte zu setzen. Vielleicht wäre alles anders gekommen, hätten wir früher versucht, ihn von einer autofreien Pension zu überzeugen, oder die eine oder andere Unterstützungsleistung trotz allem über seinen Kopf hinweg organisiert.

Rückblickend bleibt nur zu hoffen, dass wir richtig agiert haben, und dankbar zu sein, dass bei dem Unfall nicht mehr passiert ist. Und was die Fragen rund um das Autofahren angeht, so habe ich im Nachhinein zumindest die Möglichkeit, diese Erfahrungen teilen zu können, und damit den ein oder anderen zu erreichen,

Unsere Fahrten treten Papa und ich nach wie vor gemeinsam an, um uns auch zahlreiche Fußballspiele bis heute zusammen anzusehen.
Foto: GEPA

der sich in meinen Ausführungen wiederfindet. Ihn oder sie zu bitten, genau hinzusehen und die eigene Situation möglichst gut einzuschätzen. Ohne die Gewissheit, ob man auch wirklich richtig entschieden hat. Schließlich befinden wir uns auch hier einmal mehr in der Rolle eines Schiedsrichters, der beurteilen muss, wann rote Karten zu vergeben sind und wann jemand mit einer Verwarnung auf dem Feld davonkommen soll.

KAPITEL 7

(K)ein Demenzratgeber

Als Familie haben wir über Jahre hinweg sehr vieles versucht, um Papa auf seinem Weg durch eine Krise zu unterstützen, wie ich sie von vielen Menschen dieses Alters kenne. Einfach weil in jener Lebensphase, sei es durch die Aufgabe des Berufs oder aufgrund von anderen Veränderungen, wichtige Eckpfeiler wegfallen können. Eckpfeiler, die dem gesamten Lebensgerüst einst Halt gegeben haben. So wie meinem Papa neben seiner geliebten Familie wohl nichts mehr Halt geben konnte als der Fußball.

Glücklicherweise konnten wir nach jenen herausfordernden Jahren zuletzt wieder sehr schöne Zeiten erleben. Das tun wir bis heute. Auch unsere Fahrten treten mein Papa und ich nun wieder gemeinsam an. Mittlerweile bin natürlich ich es, die hinter dem Lenkrad sitzt, und Papa nimmt stets auf dem Beifahrersitz Platz. Er lässt es sich dabei nicht nehmen, die gesamte Autofahrt hindurch alle Vorgänge im Straßenverkehr mitzuverfolgen. Ich würde ihn zwar nicht als hysterischen Beifahrer beschreiben, doch beachtet er jederzeit ganz genau, was sich vor, neben und hinter unserem

Auto tut. „Ich bin ja mal eine Zeitlang Fahrlehrer gewesen", hatte er uns Kindern gegenüber nur allzu oft geprahlt. Und meist konnte er sich ein verräterisches Lächeln dabei nicht verkneifen. Tatsächlich hatte es sich um einen recht kurzen Zeitraum gehandelt, in dem er hauptsächlich seinem Freund und Fußballkollegen Hans „Eigi" Eigenstiller in dessen Fahrschule ausgeholfen hatte. Manche Geschichten wusste er eben zu inszenieren.

Die Zeit, die wir miteinander verbringen, und der Spaß, den wir auch heute noch miteinander haben können, bildet wohl eine unserer wichtigsten familiären Strategien. Allerdings weiß ich um viele Familien, in denen es sich ganz anders verhält. Ich will mit diesem Buch keinen Demenzratgeber liefern, aber es ist mir dennoch wichtig, neben meinen Ausführungen zu Demenzerkrankungen auch auf die Erkrankungen der Psyche im Allgemeinen hinzuweisen. Schließlich betreffen sie uns alle, egal, ob es sich dabei um Depressionen, Demenzen, Ängste, Süchte oder andere Erkrankungen handelt. Auch unabhängig davon, ob sich die Fragen innerhalb der Familie dabei um das Autofahren, um Behandlungen oder um andere Themen drehen.

Natürlich würde ich mir niemals anmaßen, über die Vorgehensweisen in anderen Familien zu urteilen, dieses „Nicht-Werten" wird angehenden Psychologen schon während der Ausbildungszeit hinreichend eingetrichtert. Vor allem der Umgang mit den eigenen familiären Herausforderungen hilft mir dabei, andere Herangehensweisen nicht zu verurteilen. Letzteres ist nämlich allzu schnell passiert, wie auch wir als Familie am eigenen Leib erfahren mussten. Und durch eigene Erfahrungen ist es um vieles leichter, sich in andere hineinzuversetzen.

Von diesen „anderen" lernten wir vor allem in den Wochen nach Bekanntgabe der Diagnose meines Papas sehr viele kennen. Wenn man als Familie an die Öffentlichkeit tritt und das eigene Schicksal in allen erdenklichen Medien mitverfolgt werden kann, zieht man unweigerlich die Aufmerksamkeit jener Menschen auf sich, denen es ähnlich zu ergehen scheint. Die in vergleichbaren

Situationen stecken und damit dennoch stets vor unterschiedlichste Herausforderungen gestellt werden. Durch Papas Unfall wurde mir, die ich ja beruflich ohnehin ständig mit psychischen Herausforderungen zu tun habe, erst so richtig klar, wie viele Familien jemanden haben, der mit seiner eigenen Psyche zu kämpfen hat.

Anstatt also diese Familien oder gar die Betroffenen selbst zu verurteilen, täten wir gut daran, den Umgang mit Demenzen, ja, mit psychischen Erkrankungen im Allgemeinen, besser verstehen zu lernen. Denn psychische Erkrankungen können jeden treffen, und Angehörige von Betroffenen machen es sich in den meisten Fällen alles andere als einfach! Das Leben mit an Demenz oder an anderen psychischen Erkrankungen leidenden Menschen bedeutet für die Angehörigen eine große Herausforderung. Einen Eiertanz eben, bei dem man ständig unsicher ist, ob man das Richtige für seine Liebsten tut.

Ich frage mich manchmal, ob es dieses „Richtige" überhaupt gibt. Umso wichtiger wäre es, solche Menschen und ihre Angehörigen mit der Diagnose nicht allein zu lassen. Wir alle müssten noch mehr lernen, die Psyche als ebenso krankheitsanfällig wie unsere Körper anzusehen. Dass hier deutlicher Aufholbedarf besteht, zeigt sich bereits darin, dass es keine ausreichenden epidemiologischen Studien zur Erfassung psychischer Erkrankungen in Österreich gibt. Trotzdem wissen wir alle längst um ihre weite Verbreitung, unabhängig von Alter, Geschlecht, Herkunft, Gesellschaftsschicht und was uns scheinbar noch alles voneinander unterscheidet. Genauso wie wir wissen, dass psychische Erkrankungen nicht nur für zahlreiche Krankenstände im Laufe des Berufslebens verantwortlich sind, sondern auch, dass rund zwei Drittel der Frühpensionierungen aus jenen Erkrankungen resultieren.[8]

Wir wissen heute, dass psychische Erkrankungen zunehmen und dementielle Erkrankungen sich von aktuell rund 130.000

---

8 Vgl.: https://www.ots.at/presseaussendung/OTS_20191008_OTS0092/zeit-zu-handeln-mehr-psychische-gesundheit-in-oesterreich-spart-leid-und-geld-bild

Betroffenen in Österreich bis zum Jahr 2050 verdoppeln werden. Weltweit rechnet man gar mit 115 Millionen Demenzpatienten.[9] Weil die Gesellschaft älter wird und der größte Risikofaktor für jene Krankheitsbilder eben immer noch das Alter ist.

Doch nicht nur das Wissen um psychische Erkrankungen, sondern auch deren Versorgung weist leider nach wie vor erhebliche Mängel auf. Erst 2019 kritisierte der Rechnungshof in einem Bericht über die Versorgung psychisch Erkrankter durch die Sozialversicherung unter anderem die „unvollständige Umsetzung der Strategie der österreichischen Sozialversicherung" sowie die „Lücken in den strategischen Festlegungen", wie beispielsweise die „fehlende Berücksichtigung von Behandlungs- und Folgekosten", sowie die unzureichende „Priorisierung der psychischen Gesundheit in den zentralen Planungsinstrumenten".[10]

Um jener fehlenden Priorisierung entgegenwirken zu können, haben der Berufsverband Österreichischer Psychologen sowie die Gesellschaft kritischer Psychologen und Psychologinnen und die Pioniere der Klinischen Psychologie erst Ende des Jahres 2019 eine Petition ins Leben gerufen, um ebenso auf den Aufholbedarf zur Versorgung psychischer Erkrankungen in Österreich aufmerksam zu machen und um dringend notwendige Schritte, wie ausreichend Behandlungsplätze für psychisch erkrankte Menschen, die Aufnahme der klinisch-psychologischen Behandlung als Kassenleistung in das Österreichische Sozialversicherungsgesetz sowie einen langfristigen „Masterplan" zur Aufwertung aller Berufe im psychologischen Bereich, einzufordern.

Wichtige Schritte, zumal in Österreich rund 11.000 professionell ausgebildete Psychologen zusätzlich zu den bereits im Kassensystem integrierten Psychotherapeuten bereitstehen würden, die Menschen mit psychischen Belastungen und Erkrankungen durch klinisch-psychologische Behandlungen wissenschaftlich fundiert und

---

9   Quelle: Kasper et. al., 2015)
10 https://www.rechnungshof.gv.at/rh/home/home/Versorgung_psychisch_Erkrankter_SV.pdf

nachweislich effizient behandeln könnten. Mangels eines Vertrages mit der Sozialversicherung können Klinische Psychologen derzeit nur Menschen in ihren Praxen unterstützen, die sich dies privat leisten möchten und können.

Ein weiterere wichtiger Schritt ist es meines Erachtens, dass sich mehr Menschen trauen, ihre eigene Psyche überhaupt zum Thema zu machen. Die sogenannte „Compliance"[11] für die Inanspruchnahme etwaiger Leistungen muss stärker gefördert werden. Schließlich bringen alle Kassenplätze nichts, solange der Großteil der Erkrankten eine Dunkelziffer bildet, weil sie den Weg zu Psychologen, Psychotherapeuten oder Psychiatern scheuen. Was dementielle Erkrankungen angeht, so dürfte die Anzahl von Erkrankten vor allem im Anfangsstadium der Erkrankungen sehr hoch sein, was eine weitere Dunkelziffer darstellt. Eine Dunkelziffer, der auch Papa zumindest eine Zeitlang zuzuordnen war.

Was uns jedoch von vielen anderen Betroffenen unterscheidet ist der Fluch der Bekanntheit, der bei Papas Erkrankung aber gleichzeitig auch einen großen Segen bedeutet: Schließlich wurden und werden wir als Familie gehört. Wir wurden und werden gesehen und sogar aktiv beobachtet. Wir werden angerufen, und es wird nach unserem Befinden gefragt.

Durch meine beruflichen Jahre im sogenannten „aufsuchenden psychiatrischen Dienst", der eine professionelle sozialpsychiatrische Behandlung und Begleitung von psychisch kranken Menschen zu Hause und im Alltag darstellt, kenne ich leider auch die Schicksale der anderen Betroffenen allzu genau. Nämlich derjenigen, die niemand sieht. Nach denen niemand fragt und deren Befinden augenscheinlich niemanden etwas angeht.

Natürlich fühlen wir uns um nichts weniger betroffen und leiden zeitweise genauso verzweifelt wie andere Familien auch. Doch wenn sich jemand erkundigt, wie es einem geht, und diese Nachfrage noch dazu ehrlich gemeint ist (mit der Zeit lernt man ganz gut

---

11 Bereitschaft

zwischen oberflächlichen und interessierten „Wie-geht's"-Fragen zu unterscheiden), dann tut das wirklich gut. Und wenn man Hilfe und Unterstützung bekommt, weil man – oder besser weil Papa – Zeit seines Lebens viel Sympathie genossen hat, dann trägt auch das ungemein zu einem besseren Gefühl in der gesamten Familie bei. Wenn mich beruflich etwas geprägt hat, dann waren es die Jahre, in denen ich in dem eben erwähnten aufsuchenden Dienst tätig war. Die privaten Probleme und das eigene Schicksal relativieren sich tatsächlich recht schnell, wenn man auf Familien trifft, in denen mehrere schwerbehinderte Kinder leben. Oder wenn man Familien begegnet, in denen Pfleger für Eltern und Kinder gleichzeitig ins Haus kommen müssen, weil die Kinder beeinträchtigt und die Eltern psychisch und körperlich krank geworden sind.

Genau jene Fälle sind es aber auch, die mich mit motiviert haben, diese Zeilen zu schreiben und meinen Teil dazu beizutragen, dass auch die gesehen werden, die Sichtbarkeit dringend nötig hätten. Dass sie es vor allem auch wagen, sich sichtbar zu machen. Nicht nur, weil sie mehr Hilfe und Unterstützung bräuchten, sondern weil sie uns allen viel mehr Vorbild sein könnten.

Nur wenige Leserkommentare habe ich in den Wochen nach dem Unfall meines Papas in den Sozialen Medien verfolgt. Einer jedoch ist mir genau zu diesem „Fluch und Segen" der Bekanntheit bis heute in Erinnerung geblieben. Inmitten der zahlreichen Genesungswünsche an meinen Papa meldete sich auch eine Frau, die etwas ärgerlich meinte, dass es „ja immer nur die Promis sind". Dass es immer „nur die bekannten Persönlichkeiten sind, die den Zuspruch bekommen", und dass doch sie mit einem demenzkranken Mann und einem an Demenz erkrankten Vater ebenfalls und noch intensiver betroffen sei.

Obwohl ich es nicht wollte, weil ich mich schließlich nicht für die guten Wünsche entschuldigen musste, verspürte ich für diese Frau nicht nur Mitleid, sondern irgendwie hatte ich auch das Gefühl, mich rechtfertigen zu müssen. Schließlich wollte ich auf keinen Fall den Anschein erwecken, dass unserer Familie mehr

Anteilnahme gebühre als Menschen, die nicht in der Öffentlichkeit stehen.

Ich wandte mich also in einer privaten Nachricht an sie, sprach ihr mein sehr ehrlich gemeintes Mitgefühl aus und stimmte ihr absolut zu. Ich schrieb ihr, dass es – auch wenn ich mich selbst in dem Moment zu jener Sorte zählen musste – eben nicht nur die „Promis" sein sollten, die gehört und gesehen werden mussten. Und dass ich ihren Ärger darüber absolut nachvollziehen könne.

Eine Antwort habe ich auf diese Nachricht leider nie bekommen. Vielleicht dachte die Frau, dass ich mich mit meinen Worten nur verteidigen möchte und meine Zeilen vielleicht gar nicht ernst gemeint wären. Ich werde es nicht mehr erfahren.

Wir als Familie Constantini haben uns jedenfalls nie als „Prominente" verstanden. Keiner von uns. Und am allerwenigsten mein Papa. Das ging so weit, dass er in Interviews auf die Frage nach seinem Lieblingsessen über viele Jahre mit „Gschnetzeltes" antwortete, obwohl er eigentlich am liebsten Shrimps isst. Aber Shrimps als Lieblingsspeise zu nennen, wäre ihm dekadent und abgehoben erschienen, weshalb er Shrimps auch kaum irgendwo bestellte.

Ebenso war er es, der sich eher die Namen der Linienrichter merkte als jene „wichtiger" Politiker. Sein „Servas, Bursche!" ließ ihm Zeit seiner Karriere glücklicherweise auch der höchstrangige Beamte durchgehen. Ohne respektlos erscheinen zu wollen, machte Papa schlichtweg niemals einen Unterschied zwischen einem einfachen Menschen und einem mit vermeintlichem „Status".

„Wie er alles so locker nimmt, nicht oberflächlich – nur spielerisch leicht. Er kann mit allen Menschen umgehen, egal ob mit den Männern bei der Müllabfuhr oder den Herren Präsidenten", beschrieb Mama diese Gabe in einem Interview. Papa handelte stets intuitiv und behandelte alle Menschen eben gleich. Oder besser gesagt machte er, wenn überhaupt, dann schon immer eine Ausnahme bei vermeintlich Schwächeren. So konnten meine Schwester und ich, schon als wir noch Kinder waren, beobachten, wie er sich stets dazu berufen fühlte, Rollstuhlfahrer über Straßen zu schieben und

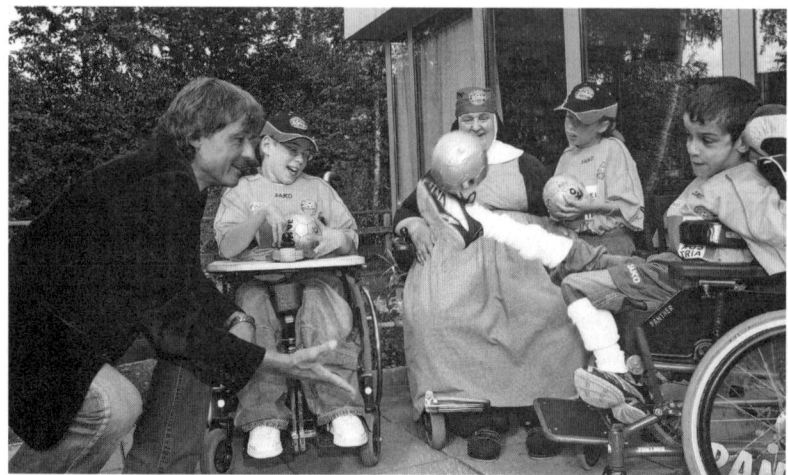

Auch für ein kleines Fußballmatch war Papa bei seinen Besuchen im Elisabethinum in Axams (Tirol) stets zu haben.

Foto: swl Elisabethinum

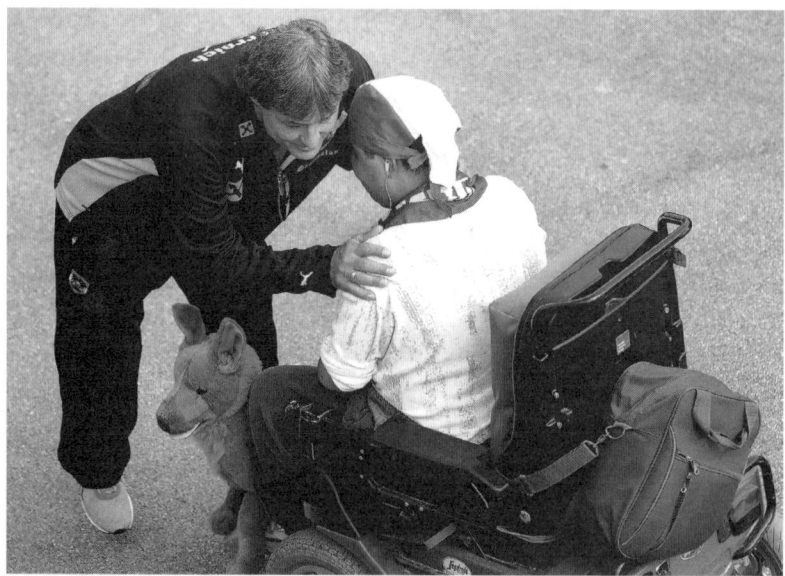

Papa, wie er im Jahr 2009 einen Fan umarmt, der das Nationalteam beim Trainingslager in Seefeld besucht hat.

Foto: APA

Menschen mit augenscheinlichen Handicaps zu unterstützen. Diese Unterstützung, die sich nicht selten auch in ungefragten Umarmungen und „Unter-die-Arme-Greifen" geäußert hatte, würde heute wohl in manchen Fällen als Grenzüberschreitung betrachtet werden ...

Erst vor Kurzem erreichte mich eine liebe Nachricht von Marianne Hengl, der Obfrau des Vereins „RollOn – Wir sind behindert", die, als sie sich nach Papa erkundigte, meinte: „Er hat so viel Herz immer in unsere Behindertenarbeit gelegt und auch oft die Kinder im Elisabethinum[12] besucht und unterstützt."

Von seinen Besuchen und Projekten hat Papa uns sehr oft erzählt. Auch davon, wie er das eine oder andere Kind hin und wieder auf seinem Schoß hinter dem Steuer seines Autos hat sitzen lassen. Um so ein paar Runden mit ihnen auf dem Parkplatzgelände vor dem Gebäude drehen zu können. Das haben die Kids geliebt.

Als ich Marianne Hengl im Mai 2020 traf, erinnerte sie sich auch noch gut an Papas Kurzgeschichte „Didi Constantini und seine kleine Verehrerin", die er einst über seine ersten Besuche im Elisabethinum verfasst hat:

Didi Constantini und seine kleine Verehrerin

~

Es war im Herbst 1976, als die Spieler Peter und Friedl Koncilia, Bruno Pezzey und ich eine Einladung in das Förderungszentrum nach Axams bekommen haben. Wir wurden gebeten, ungefähr zwei Stunden mit den Buben und Mädchen zu plaudern und Autogramme zu schreiben. Wir sagten spontan zu.

Schon bei der Ankunft war die Herzlichkeit, die uns von den Kindern entgegengebracht wurde, überwältigend. Wir saßen auf einer Art Podium, um von unseren Fußballerlebnissen zu berichten. Es war eine sehr amüsante, gute Stimmung mit viel lustigen Fragen.

---

12 Anm.: Eine Einrichtung für junge Menschen mit und ohne Behinderungen

Ich saß auf der Seite des Podiums, und die ganze Zeit flirtete ein ca. achtjähriges Mädchen mit mir, während die anderen Fragen beantworteten. Auch auf mein Erklären hin, dass wir zuhören sollten, ließ sich das liebe Mädel nicht davon abhalten, mit mir zu plaudern.

Nachdem wir alle Fragen beantwortet hatten, gingen wir durch die Reihen und verteilten Autogrammkarten. Ich werde einen Augenblick mein ganzes Leben nie vergessen. Als ich in der dritten Reihe einem Kind eine Karte gegeben hatte, wendete ich mich dem nächsten zu und stand wie angewurzelt vor ihm und wusste nicht, wie ich dem Jungen, der keine Hände hatte, die Karte geben sollte. Auf sein Augenzwinkern hin, steckte ich ihm das Foto zwischen Schulter und Kopf, so saß er noch einige Zeit, bis wir wieder gingen.

Es waren unheimlich bewegende Augenblicke an diesem Nachmittag.

Jahre später, als ich beim FC Tirol als Trainer gearbeitet habe, ich glaube, es war im Frühjahr 1996, hatte ich gemeinsam mit meinem Co-Trainer Heinz Peischl die Idee, mit unserem gesamten Team nach Axams zu fahren und den Kindern einen Besuch abzustatten.

Als wir ankamen, wurden wir von einem Mädchen im Rollstuhl begrüßt und über die Gegebenheiten in der Anlage aufgeklärt. In derselben Minute huschte ein Junge ohne Beine, sich nur auf die Hände stützend, an uns vorbei. Einige Spieler reagierten etwas reserviert, das sollte sich aber in den folgenden zwei Stunden ändern. Eine Gruppe ging mit mir und einigen Spielern rodeln, und die andere Gruppe spielte mit Heinz Peischl und dem Rest an Spielern Poccia. Nach zwei Stunden trafen wir uns wieder zur Jause.

An den Reaktionen der Spieler, nach diesem gemeinsam verbrachten Nachmittag mit den Kindern, merkte ich bei ihnen dasselbe Gefühl wie bei mir, dass uns die Kinder mit ihrer Herzlichkeit mehr gegeben haben, als wir ihnen. Es war ein unglaublich wertvolles Erlebnis, mitzuerleben, wie sekundär eine Behinderung ist, wenn man den Menschen respektiert, so wie er ist.

Der Tupfen auf dem i war zu guter Letzt, dass dieses Mädchen im Rollstuhl, das uns empfangen hat, dasselbe Mädchen war, mit dem ich 20 Jahre vorher während unseres ersten Besuches geflirtet habe.

Mit Marianne Hengl, die einst seine „Verehrerin" war, verbindet Papa eine langjährige Freundschaft.

Foto: RollOn Austria – wir sind behindert

Dieses Mädchen war Marianne Hengl, der ich bei dieser Gelegenheit für ihr Lebenswerk gratulieren will. Sie schafft es, alle Menschen, ob mit oder ohne Behinderung, einander näherzubringen. [13]

Genauso wenig, wie wir uns also jemals als klassische „Promis" verstanden haben, möchte ich mich nun als Autorin eines Ratgebers und noch weniger als Demenz-Expertin verstehen. Zum einen, weil es sehr viele Professionisten auf diesem Gebiet gibt, die mir nicht nur einige Jahre Berufserfahrung, sondern auch viele Publikationen und Forschungsarbeiten zu jenem Krankheitsbild voraushaben. Und zum anderen, weil ich durch meine Sichtweise als Tochter nicht alles abdecken kann, was das Thema Demenz an Fragen und Herausforderungen mit sich bringt. Ich kann und will jene Abseitsposition, in die man durch eine Demenz zu geraten droht, vor allem aus der Sicht einer Tochter beschreiben.

Nach dem Unfall jedenfalls wurde hauptsächlich ich aus unserer Familie von Journalisten angesprochen, wohl weil sie meine Rolle als Psychologin interessant fanden. Ich möchte aber an dieser Stelle betonen, dass ich in Bezug auf meinen Papa und unsere familiären Herausforderungen hauptsächlich Tochter bin. Auch wenn die Sicht der Psychologin mir manchmal hilft. Als Tochter

---

13 Quelle: Hengl, 2004

möchte ich jedoch allen voran meinem Papa und meiner Familie helfen. So will ich auch nicht alles breittreten und vieles, was uns betrifft, in unserer Familie belassen, aus Gründen der Privatsphäre und auch aus großem Respekt vor meinen Eltern, die uns Kinder immer vor öffentlichen Auftritten bewahrt haben. „Verheiratet, Vater von zwei Töchtern", mehr als diese fünf Wörter konnten über Papas Privatleben äußerst selten irgendwelchen Zeitungen entnommen werden.

Auch Mama hat sich nie als klassische Trainerfrau verstanden, die in der Öffentlichkeit stehen will. Es lag ihr fern, sich in irgendwelchen VIP-Bereichen über Themen zu unterhalten, zu denen sie ohnehin nicht viel sagen hätte können. Weil sie zu wenig von Fußball verstand, und eben auch aus fehlendem Interesse.

Gegenüber Journalisten bezog sie daher kaum Stellung und beantwortete in den seltensten Fällen Fragen zu unserem Privatleben. Ich kann mich lediglich an drei Interviews erinnern, bei denen wir als Papas Familie vor die Kamera gebeten wurden und dieser Bitte auch entsprachen. Von einem Mal allerdings weiß Mama selbst noch allzu genau zu erzählen. Zumal dieser gemeinsame Ausflug zumindest im Nachhinein recht amüsant ist:

Es war im Spätsommer 1991, und sie war mit mir schwanger, als sie Papa zu einer Spielbeobachtung auf die Tribüne begleitet hatte. Eine Jugendmannschaft sollte beobachtet werden, der sich Papa damals als Co-Trainer von Happel gewidmet hatte. Mama, die Papa ausnahmsweise begleiten sollte, wurde kurz vor Spielbeginn blöderweise von einer Biene direkt in die Oberlippe gestochen, weshalb ihr gesamter Mund schon in den ersten Minuten des Spiels auf doppelte Größe anschwoll und in einem Mix aus Purpurrot und Blau schimmerte. Noch heute lacht sie darüber, wie sie da hochschwanger, mit extrem angeschwollener Lippe und so gar nicht high-society-like an der Seite von Papa auftrat. Zum Glück wurden die Kameras damals nicht so schnell gezückt, wie dies heute mit Smartphones und dergleichen der Fall ist. Aber ein Bild von diesem Auftritt hätte auch ich nur zu gerne gesehen.

Im Jahr 2009 sagte meine Mama schließlich in einem ihrer seltenen Interviews gegenüber der Kleinen Zeitung, dass sie an Papas Beruf als Fußballtrainer genauso wenig teilnehme, „wie die Frau eines Buchhalters an seiner Buchhalterei".

Dass es in der Öffentlichkeit kaum Bilder von uns oder Einblicke in unser Familienleben gibt, wissen meine Schwester Leni und ich heute umso mehr zu schätzen. Wenn ich mich also mit diesem Buch als Tochter äußere, dann mit dem Ziel, andere Menschen mit ähnlichen Schicksalen zu erreichen und dem eigenen Schicksal einen Sinn geben zu können.

Wenn ich von Sinn spreche, dann ist das alles schwer zu begreifen, bedenkt man das vergleichsweise junge Alter meines Papas, seine hohe körperliche und geistige Fitness während seines gesamten Lebens – und überhaupt die Tatsache, dass es doch eigentlich immer nur die anderen trifft ...

Eine Karikatur aus 1991 zeigt Mama, wie sie Papas Beobachtungen zu den Spielen zu Papier bringt.
Künstler: Hubert Schorn

Dass er stets selbst mit anpackte, trug auch nach seiner Zeit als Spieler zu Papas körperlicher Fitness bei.
Foto: GEPA

KAPITEL 8

Rot oder Schwarz?

„Das eigene Schicksal ist immer das am schlimmsten empfundene", sagte einmal ein Freund zu mir. Natürlich, denn würden wir mit allem fremden Leid, dem wir während unseres Lebens begegnen, zutiefst mitleiden, dann wären wir kaum überlebensfähig. Daher ist es oft leichter, die Schicksale anderer distanziert zu beurteilen, als das eigene zu bewältigen. Nicht anders ist es auch uns ergangen. Während ich mich daran erinnere, dass sich die Berichterstattung in den ersten 24 Stunden nach dem Unfall trotz meines Versuchs einer Beschwichtigung nur so überschlug, Freunde und Freundes-Freunde online unter den vielen Beiträgen des Unfalls markiert und Vermutungen unzensiert ins Netz geschickt wurden, bot sich mir bereits am Morgen nach den ersten Unfallberichten ein ganz neues Bild:

Ich stieg gerade in mein Auto, um nach einer schlaflosen Nacht wieder in Richtung Klinik zu fahren. Zuerst zögerte ich noch, das Autoradio lauter zu schalten, denn ich hatte die Berichte über den Unfall des „schwerverletzten Ex-Nationaltrainers" bereits satt.

Doch nun erreichten mich ganz andere Nachrichten.

Die Radiosendung stand ganz im Zeichen der Balztöne hiesiger Singvögel. Ich musste schmunzeln. Auch diesen Moment werde ich wohl so schnell nicht vergessen. Die Radiomoderatoren diskutierten live darüber, welcher Vogelherr in diesen Frühlingstagen die Weibchen denn am besten, am schrillsten, am melodischsten locken könnte. Auch eine öffentliche Meinungsumfrage inklusive der Rätselfrage, welcher Singvogel wohl hinter welchen Balzrufen steckte, fand statt. Mir kam in den Sinn, ob wohl diejenigen, die gestern Nacht noch die vielen Beiträge über den Unfall meines Papas kommentiert hatten, dieselben Personen waren, die nun frühmorgens ihre Meinung zum zwitschernden Balzgeschrei der Singvögel kundtaten.

Ich bemühte mich, diesen Gedanken schnell wieder zu verscheuchen. Ich musste den Kopf schütteln. So hoch die Wogen in den letzten Stunden gegangen waren, das beschwichtigende Balzgezwitscher hatte es über Nacht bereits geschafft, viele davon, wenn auch vielleicht nur vorübergehend, zu übertönen ... Ein seichter Trost.

Aber auch die freudebringenden Singvögel schafften es letztlich nicht, alles zu übertönen. In den Wochen nach dem Unfall sollte mich so manche Situation extrem fordern. Eine davon ist mir besonders gut in Erinnerung geblieben:

„Der rote oder der schwarze Stuhl?", fragte mich der große, auf den ersten Blick durchaus grob wirkende Mann mittleren Alters, kurz nachdem ich ungefähr einen Monat nach Papas Unfall in seinen kleinen Praxisraum eingetreten war. Er wies auf den Stuhl ihm gegenüber.

Der Termin hatte mir schon im Vorfeld allerhand Sorgen bereitet. Unbegründet, was den Experten auf dem Gebiet der Gutachtenerstellung anging, dem ich jetzt gegenüberstand. Harte Schale, weich anmutender Kern beschrieb den Facharzt für Psychiatrie wohl am besten. Die Frage nach dem roten oder schwarzen Stuhl sollte allerdings die einfachste im Verlauf der nächsten Stunde bleiben. Nicht, weil ich so unheimliche Mühe hatte, die Fragen zu meinem Papa und seinen Gewohnheiten zu beantworten, sondern weil ich genau wusste, worauf sie abzielten. „Was kann er noch gut?", „Was funktioniert nicht mehr?", „Gibt es etwas, das vielleicht noch nie funktioniert hat?"

Obwohl ich in meinem Berufsleben bereits mit dem einen oder anderen Gutachten konfrontiert war, stellte ich nun einmal mehr fest, dass die Rolle der Psychologin recht schnell in den Hintergrund rückt, wenn die Tochter auf der Bildfläche erscheint. Und dieses Gutachten betraf mich ausschließlich in meiner Rolle als Familienangehörige.

Ich hatte mich dazu bereit erklärt, die zahlreichen Fragen zu beantworten, um einerseits meine Mama zu entlasten, die in den letzten Wochen ohnehin sehr viele Wege für und mit meinem Papa erledigen musste, und andererseits, weil ich aufgrund meines Berufes schon erahnte, was bei diesem Termin auf mich zukommen würde. Es sollte – in Hinsicht auf eine Fahrlässigkeitsschuld – herausgefunden werden, in welchem Ausmaß bei Papa kognitive Einschränkungen zum Unfallzeitpunkt bestanden hatten, also ob eine Demenzerkrankung bereits zum Unfallzeitpunkt vorgelegen hatte.

Bei jeder Gutachtenerstellung werden dafür unter anderem die Vorgeschichte der Betroffenen, allfällige Vorerkrankungen, Risikofaktoren (wie Bewegungsmangel, Herz-Kreislauf-Erkrankungen, allgemeine Lebensweise etc.), Verdachtsdiagnosen und Diagnosen erhoben, und es werden sowohl Betroffene selbst als auch Angehörige befragt. In unserem Fall war eben ich diese Angehörige.

Ein Gutachten, das eine dementielle Erkrankung bestätigen oder ausschließen soll, zielt insbesondere auf Fragen in Hinblick auf die Orientierung, die Sprache, die Motorik, die Planungs- und Organisationsfähigkeit, die Krankheitseinsicht und das psychische Befinden der Betroffenen ab.

Obwohl ich das alles schon vorher gewusst habe, spielte meine berufliche Erfahrung hier eine recht kleine Rolle. Wer das Gefühl kennt, wenn man stellvertretend für jemand anderen – noch dazu für einen geliebten Menschen – Fragen beantworten muss, der weiß, weshalb mir an dieser Stelle einmal mehr das Bild des Eiertanzes in den Sinn gekommen ist. Wie so oft in letzter Zeit versuchte ich auch in dieser unangenehmen Situation einfach nur, die Balance zu halten.

Zunächst sollte ich beschreiben, welche Fähigkeiten Papa früher hatte und welche er im Vergleich dazu heute noch besaß. Ich hob seine wunderbaren Eigenschaften hervor, seine grandiose Hilfsbereitschaft, seine Empathie für Menschen, seine große Herzlichkeit.

Dann sollte ich angeben, was nach wie vor hervorragend funktionierte: Ich erwähnte etwa das Zusammensein mit seinen Freunden, die Gespräche, die er über das Fußballgeschehen stets so angeregt führte, die Freude, mit der er an familiären Treffen teilnahm. Ich berichtete von unseren gemeinsamen Ausflügen, erzählte, wie er mir nach wie vor im Stall mit meinen Pferden half, wie er sich in den vergangenen Jahren vermehrt dem Golfen und dem Malen gewidmet hatte.

Und dann musste ich zum eigentlichen Zweck dieses Gesprächs kommen, musste zur Sprache bringen, was sich vor allem in den letzten Jahren verändert hatte. All jene Dinge, die ihm heute nicht mehr so gelangen wie früher – soweit ich mich eben noch zurückerinnern konnte. All die Fragen, die mir dieser große Mann im Laufe der restlichen Stunde stellte, bezogen sich auf Papas aktuell vorhandene Fähigkeiten und die Notwendigkeit, dass es nun womöglich galt, gewisse Verantwortlichkeiten zu übertragen.

Das schlechte Gewissen, dass ich jetzt vor diesem mir fremden Herrn darüber berichtete, welche Dinge mein Papa nicht mehr fähig war zu tun, überwältigte mich in diesem kleinen Besprechungsraum beinahe. Schließlich tat ich da etwas, was fernab meiner eigenen Erziehung lag, in der es nämlich weder Falsch noch Richtig, weder Schwarz noch Weiß gab. In der liebevollen Obhut unserer Eltern gab es meiner Erinnerung nach für meine

Zu Lenis und meinen Pferden zog es Papa auch schon während seiner aktiven Karriere, wie dieses Bild eines Besuchs meines pensionierten Sportpferdes in Ungarn zeigt.
Foto: Constantini

Schwester und mich generell kaum Kategorisierungen, sondern nur so etwas wie freie Denkansätze, tolerante Haltungen und das unbändige Bedürfnis, immer neugierig zu bleiben.

Das hatte auch meine Mama in einem Interview 2009 bestätigt, als sie meinte: „Erziehung ist ein Wort, das ich gar nicht mag. Wir haben versucht, die Johanna und die Magdalena, die jetzt 17 und 15 Jahre alt sind, zu leiten und ihnen, so abgedroschen es klingt, Vorbild zu sein. Ihnen ein gutes und intaktes Umfeld zu bieten. Ich denke, das ist uns gelungen."

Und genau deshalb haben wir Kinder uns auch Zeit unseres Lebens nie gescheut, vermeintliche „Fehler" zu machen. Eben weil diese niemals als solche klassifiziert wurden.

Daran musste ich in diesem Moment denken, als ich von Papas „Fehlern" berichten, sie auch als Fehler klassifizieren und möglichst anhand von alltäglichen Beispielen erläutern sollte.

„Wie ist es mit der Orientierung?" – „Wie kommt er zu Hause zurecht?" – „Welche Veränderungen sind euch aufgefallen?" So die Befragung. Sie orientierte sich eher an den Defiziten, an den Mängeln und an den Einbußen. Sie versuchte, Fähigkeiten herauszuarbeiten, die einst gegeben und mittlerweile nicht mehr allzu ausgeprägt vorhanden waren. Um das Fortschreiten einer dementiellen Erkrankung zu bestätigen.

Und obgleich ich dieses Spiel bereits kannte und der gemütliche, überaus sympathische Herr mir gegenüber in einer sehr wertschätzenden Art und Weise danach fragte, bekam ich langsam Bauchweh. Ich wünschte mir in diesem Moment, aus meiner Rolle schlüpfen zu dürfen, um nicht diejenige sein zu müssen, die über Defizite, Mängel und Einbußen aufklären sollte. Ich versuchte, mich während des Gesprächs immer wieder auf das tolle Verhältnis zu beziehen, das ich zu Papa hatte. Das wirkte in diesen Momenten irgendwie beschwichtigend und tröstlich auf mich.

Ich wusste und weiß, dass mir Papa sehr vertraut und mich in allem, was ich tue, unterstützen möchte: „Sag mir, wenn du mi brauchst. I hilf dir, und du hilfst mir", versichert er mir bis heute bei fast jedem unserer gemeinsamen Ausflüge. So wie er auch meine Gehversuche in jede Richtung seit jeher gefördert hat.

In diesen Momenten hätte ich allerdings mein Vorankommen wohl eher als Stolpern bezeichnet. Nur dass Papa dabei nicht hinter mir stand, um mir wieder auf die Beine zu helfen. „Ich will meine Töchter aufwachsen sehen, des kannst net irgendwann nachholen", hörte ich ihn sagen. Er hatte es sich auch während seiner aktiven Karriere als Trainer immer zur Aufgabe gemacht, so viel wie möglich bei „seinen Mädls" zu bleiben. War es also in Ordnung, einem Wildfremden gegenüber seine vermeintlichen „Fehler" auszubreiten? Nämlich „seine Fehler", wie er sie immer häufiger in den letzten Jahren begangen hatte. Und was charakterisierte einen solchen Fehler überhaupt?

Was sagte ich also nun am besten, ohne meinen geliebten Papa vor dem großen Mann auf dem schwarzen Stuhl bloßstellen zu müssen? Was sagte ich, um Papa helfen zu können? War es meine Aufgabe, ihn in dieser Situation zu unterstützen? Oder sollte es gar nicht ich sein, die hier Rede und Antwort stand? Auf einem roten Stuhl ganz zu schweigen ...

Ich werde es wohl nie wissen, ob ich in jenen Augenblicken

richtig gehandelt habe, ob es ein „richtig" in einer solchen Situation überhaupt gibt. Zwar ging es bei dem Gutachten nicht um lebenserhaltende Maßnahmen, sondern vielmehr um die Feststellung der Zurechnungsfähigkeit meines Papas zum Zeitpunkt des Geisterfahrerunfalls, doch stellte mich dieses Gespräch vor allerhand Fragen. Fragen, mit denen ich sicherlich nicht alleine bin. Zahlreiche psychische Erkrankungen, darunter auch beginnende und fortgeschrittene Demenzerkrankungen, sind das Paradebeispiel für langsam, aber sicher schwindende Fähigkeiten und die ebenso schleichende Notwendigkeit der Übertragung von Verantwortlichkeiten an Angehörige. Damals, vor jenen einschneidenden Erlebnissen im Jahr 2019, hatten wir lediglich die Terminvereinbarungen für Papa übernommen, aber heute sind bereits ganz andere Entscheidungen fällig. Daran mussten auch wir als Familie uns erst gewöhnen.

So wie wir bis heute dabei sind, uns mit jener „neuen Normalität" täglich aufs Neue zu arrangieren.

Glücklicherweise erfolgt die Übertragung von Verantwortlichkeiten in den meisten Familien nicht im Zuge eines so spektakulären Unfalls, wie es in unserer Familie passiert ist. Vielmehr kündigen sich jene Schritte meist durch eine Summe vieler kleiner Begebenheiten an.

Eben weil ein solcher „Gezeitenwechsel" so unterschiedlich ausfällt, ist es umso wichtiger, diesen Prozess individuell zu betrachten. Schließlich müssen Angehörige stets im Einzelfall entscheiden, was Betroffene – ob mit oder ohne Diagnose – noch selbst tun und entscheiden sollten, und was nicht. Die Frage nach dem Autofahren ist dabei nur eine von vielen, deren Beantwortung alles andere als einfach ist. Eine allgemeingültige Regel gibt es hier nicht.

Ich muss an dieser Stelle auf das neue Erwachsenenschutzgesetz und mögliche Vollmachten zu sprechen kommen: Dieses Gesetz, das in Österreich seit 1. Juli 2018 in Kraft ist, regelt eine ehemals als „Sachwalterschaft" bekannte Rechtsangelegenheit, bei der es unter anderem um die Übertragung von Verantwortlichkeiten im Krankheitsfall geht. Ob und in welchen Lebensbereichen Vertretungen nach Beginn einer Erkrankung notwendig sind, kann dabei ebenso individuell entschieden werden, wie unterschiedlichen Personen die Rolle jener Vertreter zugesprochen werden kann. Umso wichtiger ist es, sich damit zu befassen, so lange man gesund ist. Ist es doch sinnvoller, sich zu etwaigen Vertretungsberechtigten inner- oder außerhalb der Familie Gedanken zu machen, wenn man sich über die Konsequenzen einer solchen Auswahl im Klaren ist.

Um seine Angelegenheiten im Krankheitsfall geklärt zu haben, erscheint es mir daher wichtig und notwendig, die Aufklärung zu Gesetzen wie jenem zum Erwachsenenschutz bereits in die Schulbildung einfließen zu lassen. Schließlich hätte auch mir eine Stunde zu jenen Informationen schon damals sicherlich mehr gebracht als so manche Vektorgrafik.

Auch uns als Familie fehlte es an so mancher präventiven Maßnahme oder vorausschauender Festlegung von Verantwortlichkeiten, was in unserer Familie glücklicherweise nach Papas Unfall und dem Bekanntwerden seiner finalen Diagnose kein großes Problem darstellte, weil wir einander eben vertrauen und vieles ohnehin gemeinsam regeln. Aber es kann in anderen Fällen tatsächlich zu schwierigen Situationen führen. Daher gilt in Bezug auf die Erwachsenenvertretung meines Erachtens: Vorsicht ist besser als Nachsicht.

Ein Gutachten jedenfalls hilft nicht nur, Krankheiten zu bestätigen, sondern klärt vielfach auch Fragen zu jenen Verantwortlichkeiten. Standardisierte psychologische Testverfahren verleihen ihm Nachdruck.

Auch Papa hatte sich, nachdem erst ich auf diesem roten Stuhl Platz genommen hatte, in der Folge dazu bereit erklärt, denselben Psychiater und Gutachter aufzusuchen. Und er unterzog sich auch psychologischen Testverfahren. Zu diesen Terminen begleitete ich ihn, wartete vor den Praxisräumen und Klinikzimmern oder blieb während der Untersuchungen, Befragungen und Testungen bei ihm sitzen. So habe ich versucht, Situation für Situation irgendwie zu meistern. Daher weiß ich auch Bescheid um jene Wege, die nicht immer leichtfallen.

Bei alledem achten wir innerhalb unserer Familie besonders darauf, vieles auch weiterhin mit Papa zu besprechen. Damit er von allem erfährt, was sein Leben, und damit auch seine Mitbestimmung angeht. So wie ihm selbst während seiner Karriere die Selbstbestimmung seiner Spieler stets ein so großes Anliegen war: „Ich kann doch einen Spieler nicht ändern. Ich kann ihn nur zu seiner maximalen Leistungsbereitschaft treiben. Es gibt Trainer, die Fußballer zu meinungslosen Trotteln umfunktionieren und beim Match dann auf Ideen des Spielers warten."

Genau so wollen wir als Familie ihm die Verantwortung für Angelegenheiten, die ihn auch heute noch betreffen, lange nach jenen Stunden auf dem roten Stuhl, weiterhin zusprechen.

Diese Vorgehensweise erachte ich auch als allgemein notwendige Herangehensweise im Umgang mit demenzkranken Menschen. Schließlich merken die meisten der Betroffenen sehr lange, dass sie nach und nach nicht mehr selbst in der Lage sind, gewisse Dinge zu tun. Umso wichtiger ist es, ihnen ein großes Maß an Verantwortung zuzusprechen und damit das Gefühl zu geben, nach wie vor selbst entscheiden zu dürfen.

Daher war es mir besonders wichtig, mit Papa – neben jenen Dingen, die ich sowieso mit ihm bespreche, ob es dabei um geplante Ausflüge, berufliche Projekte, familiäre Events oder dergleichen geht – auch über dieses Buchprojekt zu reden. Nie würde ich diese Zeilen schreiben, wenn ich ihn nicht vorher darüber aufgeklärt und seine Zustimmung eingeholt hätte. „Du kannst es ja ‚Die verrückte Familie' nennen", meinte er, als ich ihm auf einer Fahrt nach Wien von meinem Vorhaben erzählte. Ich musste lachen. Diese Aussage war typisch für ihn. Bis heute hat er meist einen lockeren Spruch auf den Lippen.

KAPITEL 9

Der Sheriff von Nottingham

Das Gutachten mit all meinen Antworten, Papas Selbsteinschätzung zu seinen Fähigkeiten, die Ergebnisse der Untersuchungen nach dem Unfall sowie jene der psychologischen Testverfahren haben schließlich dazu geführt, dass Papa für den Unfallzeitpunkt eine Schuldunfähigkeit zugesprochen wurde. Die Demenz-Diagnose war nicht mehr abzuweisen.

Ich kann mich noch gut an den Tag erinnern, als wir von den Untersuchungsergebnissen und damit der Diagnose benachrichtigt wurden. Kurz nachdem ich mir die Ergebnisse durchgelesen hatte, brach ich mit Papa in den Stall zu meinen Pferden auf. Zwar war sein Fuß immer noch mit einem Liegegips versehen – und immer noch vermied er es großteils, deshalb zu liegen –, aber das hinderte ihn nicht daran, mir wie so oft dabei zu helfen, meine Tiere zu versorgen.

Diese Stunden, die Papa und ich im Stall verbringen, starten wir meist mit einem Kaffee vor den Stalltoren. Auch an diesem Tag – der Unfall lag nun etwas mehr als zwei Monate zurück – stand ich vor dem Kaffeeautomaten und wartete, bis sich unsere beiden Becher füllten, und ich fragte mich, ob sich durch diese Schwarz auf Weiß bestätigte Diagnose nun wirklich so viel ändern würde. Eine Diagnose, die nicht zuletzt aufgrund jener Fragestunde vergeben wurde, die mit „Rot oder Schwarz" begonnen hatte.

Am Ende hatten damit auch meine Antworten dazu beigetragen, dass das damals nach wie vor laufende Gerichtsverfahren – das bei Geisterfahrerunfällen stets automatisch eingeleitet wird – eingestellt wurde. Dagegen wurde im Übrigen weder durch die Rechtsvertretung der anderen beteiligten Familie noch durch die Familie selbst Einspruch erhoben.

Im Nachhinein bin ich und sind wir als Familie nicht nur ungemein dankbar dafür, dass bei dem Unfall nicht mehr passiert ist, sondern auch dafür, eine so wertschätzende und freundliche Familie kennengelernt zu haben. Obwohl sowohl wir als auch die andere Familie während des Verfahrens von Rechtsanwälten vertreten wurden, konnten wir während dieser Zeit stets eine angenehme Gesprächsbasis beibehalten.

Trotz jener positiven Erfahrungen wirkten natürlich nach Abschluss aller Ermittlungen vor allem Gefühle der Hilflosigkeit angesichts der Unzurechnungsfähigkeit meines Papas zum Unfallzeitpunkt sowie der Entzug des Führerscheins nach. Und trotz der auch vorhandenen „leichten" und fröhlichen Tage, wie jene innerhalb der Pferdestallmauern, machten mir all diese Situationen – mit dem forschen Polizeibeamten am Tag des Unfalls angefangen über das Treffen mit dem sympathischen Mann auf dem schwarzen Stuhl und die Anwaltstermine bis hin zu den Test- und bildgebenden Verfahren, zu denen ich Papa begleitete – in diesen Wochen nur noch mehr bewusst, wie sehr sich unsere Rollen umgekehrt hatten.

Papa war für meine Schwester und mich doch gerade erst der berüchtigte „Sheriff von Nottingham" gewesen, der mit uns in unseren Kinderzimmern getobt und dabei hohe Burgen aus Decken und aufeinandergestapelten Möbelstücken gebaut hatte. Meine Schwester

und ich liebten diese wilden Rauferein, in denen Papa jenen Böse-
wicht aus den legendären Robin-Hood-Erzählungen für uns Kinder
stets sehr real zu verkörpern wusste. Vor allem dann, wenn er mit
finsterer Miene das Kinderzimmer betrat, um kurz darauf mit tiefer
„Bösewicht-Stimme" zu fragen: „Wo ist das Geld, meine Untertanen?"
Genau so wie es auch der Sheriff aus dem Walt-Disney-Klassiker stets
getan hatte, als er den armen Bürgern von Nottingham ihre viel zu
hohen Steuern abknöpfte. Dabei packte uns Papa schon mal an den
Fußgelenken, um uns dann kopfüber baumeln zu lassen, sodass unser
schallendes Gelächter nur von den Münzen übertönt wurde, die nun
aus unseren Hosentaschen rutschten und klirrend zu Boden fielen.
Was haben wir darüber gelacht und wie sind wir gerannt, um uns
rechtzeitig in jenen selbstgebauten Burgen verstecken zu können!

„Sheriff Papa" entführte uns auch während der gemeinsamen Urlaube oftmals in jene selbstgebauten „Kissen-Burgen". Bei unserem
Widerstand gegen den tyrannischen Steuereintreiber erhielten Leni
und ich dann zwar Verstärkung von unseren „ägyptischen Brüdern"
Maruan und Hatem (den gleichaltrigen Söhnen von Mamas Freundin Susi, die seit vielen Jahren in unserer Wahlheimat Sharm el Sheikh
leben und mit denen wir viel Zeit unserer Kindheit verbracht haben),
doch waren wir auch als Quartett einfach chancenlos. Alle vier prall-
ten wir bei unseren Verteidigungsversuchen meist schon an dem
Kissen ab, das sich Papa für seine Sheriff-Auftritte stets unter sein T-
Shirt gezogen hatte, um den großen, satten Sheriff-Bauch zu
symbolisieren.

Dazwischen achtete er genau darauf, dass auch wir Kinder satt
waren, und er scheute keine Kletteraktion, um uns von Obst-
bäumen oder auch der ein oder anderen Palme möglichst süße
Früchte zu ergattern.

An eine solche Kletteraktion auf eine Palme kann ich mich sehr
gut erinnern. „Kinder, stellt's aus. Geht's weg. Aufpassen!", ermahnte
uns Papa, kurz bevor er mit Anlauf gegen eine der berühmten
Dattelpalmen im Heimatort unserer nicht blutsverwandten „Brüder"
sprintete.

Als Quartett damals chancenlos gegen Papa „Sheriff", dafür nach wie vor als Familie auch trotz geografischer Distanz unzertrennbar
Foto: Constantini

Im Hintergrund der Kameraaufnahme, die ich glücklicherweise heute noch von jener Szene besitze, ist auch Mama zu hören, die sich ihr Lachen über diese Aktion nicht verkneifen konnte: „Der Dieter[14] in Aktion. Um für seine Töchter Johanna und Magdalena die geliebten Datteln zu ernten", schmunzelte sie dabei.

Und Papas Ehrgeiz siegte einmal mehr, denn nach Papas Sprung gegen jene stachelige Dattelpalme konnten wir tatsächlich in die orientalischen Früchte beißen.

Leider waren sie bitterer ausgefallen als erwartet, was Papa in diesem Moment nicht zuletzt an Lenis Gesichtsausdruck erkennen konnte. „Was ist los? Hast in an Käfer gebissen? Ah, schnell reinbeißen. Du beißt am besten gleich den Kopf ab, dann is des

---

14 Mama nennt Papa seit jeher „Dieter", obwohl sein voller Name eigentlich Dietmar lautet und die meisten Menschen ihn lediglich als „Didi" kennen.

erledigt!", lachte er über die wenig dankbare Miene seiner geliebten Tochter in die Kamera.

Diese und viele weitere Szenen kann ich mir auch deshalb so gut in Erinnerung rufen, weil ich vor Kurzem begonnen habe, alle unsere alten Kindervideos auf neue Formate zu überspielen. Minute für Minute wurde ich dabei mit all den wunderbaren Erinnerungen an unsere Kindheit konfrontiert. Immer wenn ich eines der Videos überspielt hatte, zeigte ich die Filme Papa, um ihm jene Zeiten ebenfalls in Erinnerung zu rufen. Und er freute sich über die alten Aufnahmen, die ihm erneut bestätigten, dass er an seinen freien Tagen tatsächlich „voll und ganz" bei uns Kindern gewesen war. So wie er es sich eben vorgenommen hatte.

Aber weil er jedoch nicht nur für uns Kinder stets ein Held, sondern für die Fußballwelt ebenso oft eine Art Retter gewesen ist, fiel die Zeit, die er mit der Familie verbrachte, eben oft recht begrenzt aus. Umso mehr kosteten wir sie aus. Rückblickend habe ich heute daher auch nicht das Gefühl, ohne einen Papa aufgewachsen zu sein. Der Dank dafür gebührt der Heldenhaftigkeit meiner Mama, die Papa während seiner Karriere stets den Rücken freigehalten hat. Nicht nur weil sie Papa mit uns Kindern an die vielen bereits erwähnten beruflichen Stationen folgte, sondern auch weil sie es verstand, die Zeit, die wir ohne Papa verbrachten, wundervoll zu gestalten.

Natürlich waren wir als Kinder privilegiert, weil wir einen Elternteil zu Hause wussten. Und natürlich ist das nur dann möglich, wenn der Alleinverdiener seine Familie auch erhalten kann. Dennoch konnte Papa nur deshalb so arbeiten, weil meine Mama – die als studierte Sportwissenschaftlerin zur Zeit des Kennenlernens meiner Eltern als Marketingleiterin im „Sportmagazin" tätig war – ihre eigene Freiheitsliebe für uns Kinder opferte und uns ihre Zeit schenkte.

Zeit, die so schnell vergangen ist! Gerade erst haben die beiden doch mit mir meinen Moped-Führerschein und den 18. Geburtstag gefeiert und mich spätnachts von meinen ersten Partynächten abge-

Weil auch ich als Baby diese Victory-Handgeste stets ausgeführt habe, wurde ich von meinen Eltern mit meinem dritten Vornamen Victoria getauft.
Foto: GEPA

holt. Eben noch hat Papa meine Schwester und mich als kleine Mädchen mit an seine Arbeitsplätze genommen, und wir durften in der Kabine der Spieler warten, während sich die Sportler draußen auf dem Platz noch abmühten. Und manchmal durften wir die große Badewanne im alten Tivoli benutzen, während Papas langjähriger Begleiter und Freund „Mucky" nebenbei die Dressen der Spieler wusch und seinen Teil dazu beitrug, dass wir Kinder uns in jenen Momenten als absolute Mannschaftsmitglieder fühlen konnten.

Genauso wie es scheinbar erst gestern gewesen ist, dass wir bei entscheidenden Interviews daheim vor dem Fernseher auf geheime Zeichen unseres Papas warteten. Die Journalisten müssen sich nicht nur einmal gewundert haben, weshalb sich Papa während seiner „Expertentalks" genau dreimal räuspern musste oder warum er sich ständig an die Nase fasste oder sich dauernd mit zwei Fingern durch die Haare strich.

Sie sollten sich ruhig wundern, für uns Kinder war es schließlich das Tollste, den eigenen Papa im Fernsehen zu sehen und zu wissen, dass diese „Zeichensprache" niemandem außer uns galt.

Während all diese Erinnerungen mir so nah erscheinen, liegen doch bereits viele Jahre dazwischen. Jahre, die langsam, aber sicher eine Umkehr unserer familiären Rollen erfordert haben. Zei-

Ob auch jene Gesten uns gegolten haben, kann ich heute nicht mehr genau sagen ...
Foto: GEPA

... wahrscheinlich ist es allemal.
Foto: GEPA

ten, in denen wir Kinder zunehmend auf unsere Eltern zu achten begannen, wie diese es früher für uns getan haben.

Obwohl sich Papa in der Phase jenes schleichenden Rückzugs stets um Beschwichtigung bemühte, war ihm damals ein Teil von dem abhandengekommen, was ihm selbst über viele Jahre hinweg das Gefühl gegeben hatte, ein Held zu sein. Ein Held, wie ihn auch wir durch unsere Kinderaugen stets gesehen haben. Und doch kommen wohl alle Kinder früher oder später in die Situation, dass sie als Erwachsene bemerken, wie ihre Eltern langsam, aber sicher älter werden und auf die Hilfe der jüngeren Generation angewiesen sind. Und im Zeitalter der digitalen Revolution mag diese Phase für bestimmte Lebensbereiche auch schon früher eintreten.

Wenn etwa zu Weihnachten moderne technische Geräte an ältere Angehörige verschenkt und diese damit vor absolutes Neuland gestellt werden. Schließlich hat die junge Generation ihre auch noch so jung gebliebenen Eltern zumindest in Bezug auf die Bedienung von Smartphones und Tablets längst überholt. Dafür müssen Eltern nicht erst sehr alt und gebrechlich werden. Heute verstehen oft schon die Vierjährigen erschreckenderweise schneller, wie die Bedienung des neuesten digitalen Haushaltshelfers funktioniert.

Was mich betrifft, so haben mir vor allem jene Jahre, in denen Papa sich dazu entschlossen hatte, professionelle Hilfe in Anspruch zu nehmen, diese Umkehr der Rollen sehr deutlich bewusst gemacht. Dabei waren unsere Eltern während unserer Kindheit doch diejenigen, an die absolut nichts herankommen konnte. Sie waren diejenigen, die die Welt für uns, wann immer sie in Schieflage geraten war, wieder zurechtzurücken vermochten. Diejenigen, die es immer geschafft hatten, dem Christkind unsere sehnlichsten Wünsche auszurichten und uns unsere kindlichen Bedürfnisse von den Lippen abzulesen. Es waren unsere Eltern, von deren Macht wir stets überzeugt waren, während wir ihren Schritten auf forschen Kinderzehen folgten, zu ihnen aufsahen und die Welt dank ihrer Erklärungen begreifen lernten.

Während ich das schreibe, muss ich an eine der wenigen privaten Fernsehaufnahmen unserer Familie aus dem Jahr 1992 denken. Meine Eltern wurden bei einem Spaziergang mit mir gefilmt. Ich war nur wenige Tage alt, meine Schwester noch nicht auf der Welt. Zu dritt waren wir „Am Himmel", einer großen Aussichtswiese über Wien unweit der damaligen Wohnung meiner Eltern, unterwegs.

Während die Kamera Mama, Papa und mich, eingepackt in ein kunterbuntes Tragetuch an Mamas Körper, zeigt, spielt im Hintergrund leise Hans Mosers „Wenn der Herrgott net will, nutzt es gar nix": „So war's immer, so bleibt es für ewige Zeit, einmal ob'n, einmal unt'n, einmal Freud, einmal Leid" ertönt es, während wir drei langsam aus dem Bild spazieren. Es erinnert mich in diesem Moment daran, wie sich unser aller Leben im Laufe der Zeit wandeln kann.

Wie man als Sohn oder Tochter am besten vorgeht, wenn sich solche Wandlungen bei den eigenen Eltern, und damit einhergehend vielleicht auch jenes „Leid" ankündigen, ist nicht zuletzt davon abhängig, wie man als Familie lebt. Ob man miteinander reden kann, und welche Hilfe die Eltern bereit sind anzunehmen.

Auch in meinem Bekannten- und Freundeskreis kenne ich leider viele Familien, in denen es vermehrt Streitigkeiten gibt, und dies meist wegen Kleinigkeiten. Man gerät aneinander, schreit sich an, wirft sich vielleicht Dinge an den Kopf, die man nie hätte sagen sollen, und danach stellt sich Funkstille ein. Weil keiner das Schweigen brechen möchte, dauert jene Stille an. So lange, bis ein Weg zurück in allzu weite Ferne gerückt scheint.

Die Zeilen, die ich schreibe, sollen ein Appell sein, Streitigkeiten zu beseitigen, über den eigenen Schatten zu springen und den ersten Schritt zu tun. Die gemeinsame Zeit in der Familie ist viel zu kostbar, um sie durch Streitigkeiten einzubüßen. Weil sie nicht zurückkommen wird. An dieser Stelle muss ich Papa einmal mehr recht geben, wenn er sagt: „Wir leben nur einmal."

In unserer Familie konnten wir dieses eine Leben bisher sehr intensiv leben und genießen. Was sicherlich viel dazu beiträgt,

Auch Papa hat mich im Tragtuch getragen, wie hier im Jahr 1992.
Foto: Constantini

dass wir mit Papas Erkrankung besser umgehen können. Und trotzdem passiert es mir immer wieder, dass ich mich in Selbstmitleid verliere, verzweifelt bin und mit unserem familiären Schicksal hadere. Dass ich Tränen vergieße und die Tatsache nicht anerkennen will, dass mein einst so starker Papa krank geworden ist. Dass meine einst so übermenschlich wirkende Mama damit phasenweise genauso überfordert ist wie ich selbst, wie meine Schwester, wie wir alle. Dass ich gerade deshalb oft viel lieber wieder das kleine Mädchen wäre, das auf den Schultern ihres Papas sitzt, um sich von ihm die weite Welt erklären zu lassen. Das gespannt vor dem Fernseher wartet, bis die ersten Handzeichen sichtbar werden, und das in dem Wissen leben darf, sein Papa würde schon wieder zurechtrücken, was in Schieflage geraten ist. Das von dem „Sheriff von Nottingham" behütet und beschützt wird und damit schier grenzenlose Geborgenheit geschenkt bekommt.

Ich vermisse diesen Papa, genau so wie eine Mama, die allen Herausforderungen gewachsen zu sein scheint. Ich vermisse die beiden und sehne mich nach jenen Helden meiner Kindheit. Um mir gleichzeitig immer wieder in Erinnerung zu rufen, dass die scheinbare Unverwundbarkeit der eigenen Eltern nur eine kindliche Illusion ist. Weil Eltern eben nie unbesiegbar waren, sondern wir als Kinder von ihrer Verwundbarkeit nur nichts wahrgenommen haben.

KAPITEL 10

Weil auch Buben weinen dürfen

Weil Eltern genauso wenig unbesiegbar sind wie alle Menschen auf der Welt, ist es mir wichtig, besonders auf jene Verletzlichkeit noch einmal einzugehen.

Bei Demenzen handelt es sich schließlich um Erkrankungen, die in den meisten Fällen nicht nur ganze Familien betreffen, sondern die auch seelische Verletzungen hinterlassen. Nicht umsonst werden Demenzerkrankungen häufig als „Familienkrankheiten" beschrieben. Weil demenzkranke Menschen nach und nach auf Hilfe angewiesen sind und ihren Alltag alleine kaum mehr bewältigen können, sind es meist Familienmitglieder, die dafür sorgen müssen, Betroffenen ihren Alltag zu erleichtern. Zudem kommt es für die meisten Familien vor allem während der oft über Jahre dauernden Anfangsstadien der Erkrankungen nicht in Frage und ist aufgrund der bestehenden Versorgungslage andererseits auch meist kaum möglich, Heimplätze für Betroffene zu organisieren.

So bilden Familienangehörige eben jene Gruppe, die sich meist jahrelang um erkrankte Menschen kümmert. Sie gehören damit zu den am meisten belasteten Personen. Ihre körperliche und psychische Gesundheit wird erwiesenermaßen am meisten in Mitleidenschaft gezogen. Obwohl ich nicht von „Leid" schreiben möchte – weil ich mich an den meisten Tagen nicht als „leidend" beschreiben würde – so hat die Demenz-Diagnose meines Papas zumindest meine wohl größte persönliche Angst wahrgemacht. Wenn ich an meine Kindheit zurückdenke, dann erinnere ich mich nämlich vor allem an eine Sorge: die Angst, jemand von uns könnte eines Tages vergessen. Die Angst, meine Eltern könnten sich irgendwann nicht mehr an unsere gemeinsame Zeit erinnern. Die Sorge wurde nicht zuletzt dadurch verstärkt, dass ich mir viel zu oft meinen damaligen Lieblingsfilm „Wie ein einziger Tag" (im englischen Original: „The Notebook") angesehen habe, mit Rachel McAdams und Ryan Gosling in den Hauptrollen.

Die Geschichte handelt von zwei Liebenden, die es nach einigen Hindernissen schaffen, eine lebenslange Beziehung aufzubauen. Dabei wird ihre Liebe im hohen Alter von einer Demenzerkrankung der Frau getrübt. Die Szene, in der Noah in seiner Rolle als langjähriger Partner das Zimmer seiner kranken Frau Allie im Pflegeheim betritt und sie sich schlichtweg nicht mehr an ihn erinnern kann, sorgt bei mir bis heute für Gänsehaut. In dem Film wird die mittlerweile in die Jahre gekommene kranke Frau auch regelmäßig von Kindern und Enkelkindern besucht. Gemeinsam sitzt die große Familie dann im Garten des Heims und trinkt Tee, die Kinder toben auf der Wiese. Die Frau zeigt sich über diese Gesellschaft erfreut, doch erkennt sie keinen der anwesenden Personen als ihr eigenes Fleisch und Blut wieder.

Der Regisseur versucht, ein Happy End anzudeuten, indem er die Liebenden in der letzten Szene eng umschlungen einschlafen lässt. So, wie wir es uns im echten Leben wohl auch wünschen würden. Dennoch hinterließ der Film seit jeher einen sehr bitteren Nachgeschmack bei mir, und die große Sorge, eines Tages womöglich dasselbe durchmachen zu müssen. Als Tochter hat mich diese Angst nun eingeholt. Als Tochter, die nach und nach ihren Papa zu verlieren droht. Und ja, davor habe ich Angst. Ich habe Angst, was die Zukunft bringen könnte. Ich habe Angst, mein Papa könnte mich vergessen, könnte uns vergessen. Ich habe Angst, all seine Erinnerungen an unsere gemeinsame Zeit könnten für immer verschwinden, so wie sie das so oft tun, wenn Menschen von einer Demenz betroffen sind. Ich habe Angst, dass all die Momente, um die ich mich heute so sehr bemühe, bald nichts mehr wert sein werden. Zumindest nicht in seiner Welt.

Und doch kann ich es mir nicht vorstellen, dass jene Veränderungen jemals eintreten. Vor Verdrängung wird in der Psychologie zwar gerne gewarnt, in meiner Rolle als Tochter erkenne ich sie aber mittlerweile als eine Art „Überlebensstrategie" an. Schließlich verging auch der Schock über den veränderten Zustand meines Papas, das Verblassen meines Helden aus Kindertagen und die finale Demenz-Diagnose irgendwann. Man wächst eben mit seinen Herausforderungen. Aber es ist für mich heute noch meist undenkbar, Papa könnte es irgendwann gleichgültig werden, wie es uns geht. Dafür ist er doch viel zu sehr Papa, viel zu sehr liebender Familienmensch.

Natürlich ist mir bewusst, dass er solche Verhaltensänderungen nicht aus böser Absicht zeigen würde, sondern sie würden durch die zunehmenden Veränderungen in seinem Gehirn irgendwann nicht mehr Teil seines Repertoires an Möglichkeiten sein. Schließlich entwickeln sich Demenzerkrankungen schleichend. Ist erst das Kurzzeitgedächtnis betroffen, was sich darin zeigt, dass Dinge beispielsweise häufiger als sonst verlegt werden, so wird nach und nach auch das Langzeitgedächtnis mit allen gespeicherten Erinnerungen geschädigt. Das vielfach mit Demenz in Verbindung gebrachte „Damoklesschwert", dass Betroffene sich irgendwann nicht mehr an ihre Liebsten erinnern werden, fällt wenn überhaupt meist sehr spät im Krankheitsverlauf.

„Kann er sich noch an euch erinnern?", „Meinst du, dass er mich noch kennt!", fragen mich viele Menschen häufig. Und ebenso oft sehe ich jenen Menschen die Erleichterung darüber an, dass

Papa sich doch noch an sehr vieles – allen voran an uns als seine Familie – sehr gut erinnern kann.

„Wenn ich nur deinen Vornamen und nicht den von unserem Gegenüber sag, weiß ich seinen Namen nicht, ok?", hat mich Papa bereits vor mindestens zwei Jahrzehnten auf unseren gemeinsamen Touren gebrieft, um etwaigen Peinlichkeiten bei der Vorstellung seiner Töchter vor ihm unbekannten Personen ausweichen zu können. Schließlich kannten ihn – ob aus dem Fernsehen oder vom Platz – viele, er wiederum hätte sich diese unzähligen Menschen, denen er täglich begegnete, verständlicherweise auch bei voller Gesundheit unmöglich stets merken können.

"Magdalena! Kommst du?"

„Papa, ich bin die Johanna."

„Ja, klar. Entschuldige!"

Sowohl Leni als auch mir ist dieser Dialog schon seit Kindertagen bekannt. Während er schon in ein Theaterstück oder eine Rauferei mit uns Kindern verwickelt war, hatte er eben seine Gedanken noch auf dem Spielfeld. So sehr, dass er ein Telefonat mit uns Kindern – und in Ausnahmefällen auch mit Mama! – schon mal mit „Passt, ciao, ciao. Servas, Junge!" beendete.

Mit dem Kopf wo gänzlich anders sein zu können habe ich wohl auch von ihm übernommen. „Hört ihr mir eigentlich zu?", mehr als einmal war Mama vergeblich bemüht, uns etwas zu erklären, wenn Papa und ich gemeinsam am Küchentisch saßen und unsere Unaufmerksamkeit bei physischer Anwesenheit geradezu sichtbar war. Dass er eines Tages nicht mehr erkennen sollte, wer ihm am Küchentisch gegenübersitzt, fällt mir heute noch schwer zu begreifen.

Immer wenn mich meine Zukunftssorgen einholen, setze ich auf professionelle Hilfe. Diese unterscheidet sich auch von den Gesprächen mit meinen Liebsten, mit meinem Partner, meiner Mama, meiner Schwester oder meinen Freunden. Auch wenn mir dieser private Austausch immer wichtig bleiben wird, genieße ich hin und wieder vor allem die professionelle Distanz psychologischer Gespräche. Dabei stellt sich der Gang in die Praxen vielfach anders dar, als ihn sich viele Menschen heute womöglich noch vorstellen. Ich liege dabei – genauso wenig wie meine Klienten übrigens – weder auf einer Couch noch versucht mich jemand in Trance zu versetzen, um mir anschließend jedes nur erdenkliche Geheimnis zu entlocken. Diese Vorstellungen bestehen leider tatsächlich nach wie vor. Vor allem unter Menschen jener Generation, für die es zum guten Ton gehört, sich nichts anmerken zu lassen, und die derart herausfordernde Lebensphasen „aushalten" möchten.

Dabei gibt es absolut keinen Grund, alles immer alleine auszuhalten! Schon gar nicht, wenn eine Erkrankung die gesamte Familie betrifft! Demenz als Familiensache fordert Angehörige sogar oft mehr als Betroffene selbst. Daher ist es vor allem wichtig, die Menschen aufzufordern, jene Hilfe und Unterstützung zu suchen, die ihnen guttut und sie von täglichen Herausforderungen entlastet. Schließlich ist auch den Betroffenen selbst nicht geholfen, wenn Angehörige ihre Kräfte verlassen.

Die psychologische und psychotherapeutische Arbeit eignet sich nicht nur zur Aktivierung jener so wichtigen eigenen Kraftressourcen, sondern auch, um Sorgen einfach aussprechen und damit abgeben zu können. Psychologen und Psychotherapeuten können neue Perspektiven aufzeigen, Sichtweisen relativieren und einem zu verstehen geben, dass Ängste und Sorgen bei ihnen gut aufgehoben sind. Und sie vermitteln das so wichtige Gefühl, mit den eigenen Herausforderungen nicht alleine zu sein.

Dieses Aufgehobensein ist es auch, was mir persönlich sehr hilft. Weil ich diese Inanspruchnahme professioneller Hilfe als sehr wichtige Strategie im Umgang mit Demenz in der Familie empfinde, rede ich gerne auch in meinen Seminaren darüber. Dabei geht es zwar nicht immer um das Krankeitsbild der Demenz, denn es gibt, wie bereits erwähnt, in beinahe jeder Familie verschiedenste Herausforderungen zu bewältigen. Viel zu oft zeigt sich auch hier, wie viele zutiefst leidende Menschen darum bemüht sind, eine

Als Indianer, nämlich als Double von Winnetou-Darsteller Pierre Brice, wurde Papa während seiner Zeit bei Mainz 05 gehandelt. Diese Fotomontage zeigt auch seinen damaligen Präsidenten und Freund Harald Strutz – dessen Ähnlichkeit mit Old Shatterhand-Darsteller Lex Barker ebenfalls nicht zu leugnen ist.

Foto: Fotograf und Fotomontage unbekannt

Fassade zu wahren, die längst nicht mehr aufrechtzuerhalten ist. Menschen bemühen sich meist viel zu lange, stark zu sein, sich selbst zu helfen und keinesfalls Hilfe von außen zu akzeptieren.

Als Ernst Happel einmal gefragt wurde, ob er wegen seiner Krebserkrankung oft weine, antwortete er: „Es muss ja kaner sehen, dass i raunzen tu." Womit er andeutete, dass auch bei dem als „Alphatier" geltenden Erfolgstrainer sehr wohl die ein oder andere Träne geflossen ist. Weil wir als Familie, und vor allem Papa als einst „starker Erfolgstrainer", von jenem Versteckspiel mit der eigenen Verwundbarkeit glücklicherweise abgekommen sind, hoffen wir, auch damit für andere Vorbild sein zu können. Indem wir eben zeigen, dass Buben genauso weinen dürfen wie Mädchen, und auch, dass der stärkste Indianer Schmerzen kennt!

Besonders im 21. Jahrhundert, in dem uns die Gleichstellung von Mann und Frau wichtiger denn je geworden ist, sollten wir auch in Bezug auf psychisches Leid keine „Starke-Männer-Mentalität" mehr leben wollen. Weder im Sport noch im Alltag. Vielmehr macht wahre Stärke – und das betrifft beide Geschlechter

– vor allem die innere Wesensstärke aus, die Kraft, etwas verändern zu wollen, und zwar dann, wenn Lebenssituationen nicht mehr haltbar, vor allem nicht mehr alleine ertragbar sind.

Obwohl jener erste Schritt auf dem Weg zu einer professionellen Hilfe an jedem Einzelnen liegt, wird die langfristige Umsetzung dieser professionellen Hilfe nur dann möglich sein, wenn Angebote und Finanzierung zur Versorgung psychischer Erkrankungen endlich flächendeckend gesichert sind und man zu den psychischen Erkrankungen eben auch jene Belastungssituationen zählen darf, wie sie bei pflegenden Angehörigen zum Tragen kommen. Belastungen, mit denen auch wir als Familie an manchen Tagen besser und an anderen etwas schlechter umgehen können. Manchmal gelingt es uns auch gar nicht. Viel lieber würden wir dann die Realität leugnen und das alles einfach nicht wahrhaben. Aufwachen, und alles nur geträumt haben. Aber – um Papa ein weiteres Mal zu zitieren – wir sind „eben nicht bei Wünsch-Dir-Was".

„Stimmt! Wir sind hier bei So-ist-Es!", habe ich ihm auf diesen Ausspruch immer geantwortet, worauf wir meist in schallendes Gelächter ausgebrochen sind. Heute hilft mir die Erinnerung daran, zu akzeptieren. Zu akzeptieren, dass es eben so ist.

KAPITEL 11

Auf den Spuren von Pippi Langstrumpf

Akzeptanz ist auch dann ein wichtiges Stichwort, wenn es um den gesellschaftlichen Umgang mit psychischen Erkrankungen geht. Weil ich darauf auch in den folgenden Kapiteln näher eingehen möchte, werde ich versuchen, ein paar Einblicke in meine berufliche Tätigkeit als Psychologin einfließen zu lassen.

Während ich nämlich als Tochter in Begleitung meines Papas merke, wie sehr der „Didi" auch in der Öffentlichkeit trotz seiner vermeintlichen Einschränkungen geschätzt und akzeptiert wird, so erkenne ich immer wieder, welcher Unterschied das ist zu Menschen, die weniger bekannt sind.

Sehr deutlich habe ich jene Unterschiede in der Zusammenarbeit mit einem meiner Klienten erfahren müssen, den ich im Zuge des bereits erwähnten aufsuchenden psychiatrischen Dienstes begleiten durfte. Über mehr als zwei Jahre war es meine Aufgabe, ihm den Alltag mit seiner psychischen Erkrankung ein wenig zu erleichtern.

Ich machte mit ihm Besorgungen, wir kümmerten uns gemeinsam um seinen Haushalt und unternahmen zahlreiche Ausflüge. Diese führten uns sogar auf Bergwanderungen, in Schwimmbäder oder in Museen. Der junge Mann hatte eine wahre Leidenschaft für das Mittelalter. Er liebte die Geschichten von Königen, Schlössern und dem prunkvollen Leben der damaligen Zeit. Der Grund dafür war leider nicht ganz so märchenhaft-idyllisch: Er war während seiner Kindheit über viele Jahre hinweg sowohl körperlich als auch psychisch misshandelt worden. Beispielsweise wurden ihm immer wieder seine wenigen Besitztümer abgenommen, um ihm bereits als Kind beizubringen, was Verlust heißt. Der Vater hatte die Familie relativ früh verlassen, jedenfalls war über ihn wenig in Erfahrung zu bringen. Er wuchs mit zwei Brüdern bei der Mutter auf, die dem Alkohol verfallen war und sich nach der Trennung von seinem Vater in einen gewalttägigen Mann verliebt hatte. Der Stiefvater schlug nicht nur ihn, sondern auch seine Mutter regelmäßig.

Als Folge davon zog sich der junge Mann in seiner Jugend immer weiter zurück, bis er diesem von Gewalt geprägten Umfeld eines Tages entkommen konnte. Er suchte viele Jahre lang in verschiedenen betreuten Wohneinrichtungen Schutz, aber jene Kindheitserfahrungen waren nicht spurlos an ihm vorübergegangen. Zunehmend äußerte er Gewaltfantasien, sodass sich viele seiner Betreuer außerstande sahen, ihn langfristig zu begleiten. Glücklicherweise fand ich von Beginn an einen recht guten Zugang zu ihm. Ich interessierte mich für seine Gedanken und versuchte auch, seine Fantasien, die er trotz ihrer manchmal gewalttätigen Inhalte auch auszusprechen wagte, nachzuvollziehen. Obwohl ich ihn zwischenzeitlich durchaus darum bitten musste, sich nicht unbedingt lauthals in aller Öffentlichkeit zu fragen, wie sie „im Mittelalter die Menschen wohl gefoltert und anschließend umgebracht" hatten. Schließlich folgten uns alleine wegen seines optischen Erscheinungsbildes sowieso stets alle Blicke. Sein Faible für die Welt der Kaiser und Könige machte sich nämlich auch äußerlich bemerkbar. Mit dem Ziel, selbst genau so unverwundbar zu sein wie die großen Herrscher der Vergangenheit, begann Lukas (der Name ist natürlich geändert) sich in aufwendige Gewänder zu hüllen. Diese zeichneten sich durch einen Mix aus alten Habseligkeiten aus. Tischtücher, Bettlaken und alte Mäntel wurden zusammengeklammert, sodass bodenlange Umhänge daraus entstanden. Die Materialien dafür lagerte er in seiner Wohnung, in der sich die Dinge nur so stapelten. Auch dieses exzessive Sammeln war auf seine Erfahrungen und nicht zuletzt auf jene erlebten Verluste seiner wenigen Spielsachen zurückzuführen. Unter den langen Mänteln und Umhängen bemerkte man auf den ersten Blick gar nicht, wie ausgefallen seine Beinkleidung war, die meist aus zwei unterschiedlichen Schuhen bestand. Wenn man den jungen Mann also beobachtete, so lag alleine aufgrund seiner Erscheinung die Vermutung nahe, etwas könne mit dieser altertümlich gekleideten Person nicht stimmen. Sie musste schlichtweg einen „Sprung in der Schüssel" haben. Auch ich war, vor allem zu Beginn unserer Zusammenarbeit, von seinem Erscheinungsbild etwas irritiert.

Je mehr ich jedoch über seine Vergangenheit erfahren konnte, desto besser gelang es mir, auch sein Auftreten zu verstehen. Laut Diagnosen, die ihm schon vor unserer Zusammenarbeit gestellt worden waren, litt er an einer Erkrankung aus dem schizophrenen Formenkreis, aber ich bemühte mich eher darum, mich an der von ihm berichteten Lebensgeschichte zu orientieren. In meinem beruflichen Tun leiten mich nicht nur viele Weisheiten meines Papas, sondern auch jene, die der griechische Arzt Hippokrates bereits vor rund 2400 Jahren geäußert hat: „Es ist wichtiger zu wissen, welche Person eine Krankheit hat, als zu wissen, welche Krankheit eine Person hat."

Eines meiner Grundprinzipien lautet daher, dass es stets die Menschen, ihre Persönlichkeit und ihre Erfahrungen, zu betrachten gilt und erst in zweiter Linie die theoretischen Diagnosekriterien. Schließlich sind auch bei den verschiedenen Verläufen von Demenzerkrankungen die Persönlichkeiten der betroffenen Personen entscheidend. Während manche mit steigenden Einschränkungen zunehmend ungeduldig werden – weil sie es eben schon immer waren –, besinnen sich andere auf neue Fähigkeiten. Und während sich mancher schon früh mit einer möglichen Erkrankung auseinandersetzt, möchte ein anderer – vielleicht, weil er schon immer extreme Angst vor Krankheiten oder bereits schlechte Erfahrungen gemacht hatte – lange nichts von irgendwelchen Behandlungsmöglichkeiten wissen.

Auch auf Papa, der immer als „Menschenfreund" bekannt war (und auch in dem Zeitungsbericht zu unserem familiären Statement, die Diagnose betreffend, als solcher bezeichnet worden ist), trifft das vollkommen zu: Er sucht nach wie vor den Kontakt mit anderen und hat nichts lieber, als von möglichst vielen Menschen umgeben zu sein.

„Gemma in die Innenstadt, oder?", schlägt er oft vor, wenn wir zu unseren gemeinsamen Touren aufbrechen. Auch von seinen Stammtischen, den Golfausflügen oder den gemeinsamen Fußballstadion-Nachmittagen kehrt er jedes Mal freudestrahlend heim. „Na, die Leute sind ja alle so liab", erfreut er sich nach wie vor an den vielen Gesprächen, die sich dabei ergeben.

Papas Persönlichkeit, seine Vorlieben und Haltungen, ist bis heute spürbar, und ich versuchte eben in meiner Rolle als Psychologin auch Lukas nach und nach mit Hilfe seiner persönlichen Geschichte zu verstehen. Fragen, wie jene nach den Gründen für seine Gewaltfantasien und sein optisches Erscheinungsbild, ließen sich dadurch leichter beantworten. Anhand seiner Geschichte wurde schließlich relativ schnell klar, weshalb er nicht verwundbar bleiben, sondern sich lieber, in tausend Stoffe eingehüllt, als selbsternannter Herrscher präsentieren wollte. Um vor allem jene „seelischen Blutungen", die ihm einst zugefügt worden waren und die durch die Erinnerungen an seine Kindheit immer wieder aufs Neue aufzureißen drohten, stillen zu können.

So wie er auch in seinem jungen Erwachsenenalter noch jene Stunden zu schildern wusste, die er als kleines, ängstliches Kind

Papa mit seinem Freund Max Gartner
im Jahr 2019
Foto: Constantini

alleine in einem dunklen Zimmer verbracht hatte und dabei durch die verschlossene Türe den Schreien der eigenen Mutter lauschen musste. Lukas liebte es genauso wie Papa, mit anderen Menschen zu sprechen und in Begleitung unterwegs zu sein. Er war auch immer sehr stolz gewesen, wenn er sich auf unseren gemeinsamen Ausflügen um meinen Hund Abyadh, der mich so manches Mal begleitete, kümmern durfte. Den hatte Papa 2010 nach achtwöchiger Quarantäne von Ägypten nach Österreich geschafft. Er hatte seiner Tochter zuliebe diese lange Reise auf sich genommen, um den Strandhund zu retten. „Na, wer hat dich geholt?", pocht Papa mit dem Blick auf Aby berechtigterweise immer wieder auf diese Heldentat. Schließlich hatte sich diese Unternehmung trotz der vorangegangenen Isolierung des Hundes und aller EU-konformen Impfungen bis zuletzt als spannende Angelegenheit erwiesen.

Und wir mussten damals trotz Quarantäne noch zittern, ob „Aby" auf heimischem Boden wirklich durch den Zoll und alle Kontrollen kommen würde. „Normalerweise kennen mich schon recht viele in Österreich. Weil viele den Fußball kennen. Aber der Zollbeamte heute, ich glaub, der war Flötenspieler", lachte Papa, als er mir damals davon berichtete, wie er Aby durch jene Flughafen-Checks nach draußen schleuste. Papa war schließlich über viele Jahre tatsächlich dem Großteil der Österreicher bekannt gewesen. Deshalb folgten ihm auch ständig alle Blicke.

Aber zurück zu Lukas: So wie Papa folgten auch Lukas immer alle Blicke, jedoch aus gänzlich anderen Gründen. Sich dabei zurückzuhalten musste Lukas zwar über die Jahre lernen, doch schaffte er das während unserer Zusammenarbeit sogar besser als ich.

„Da eini, da aussi", ermahnte er mich, wenn ich mich über die Unfreundlichkeiten unserer Mitmenschen ärgerte. Dabei zeigte er auf seine Ohren, die den „Durchzugskanal" für dergleichen Äußerungen darstellen sollten.

Noch heute denke ich an diese Strategie. Denn auf Durchzug zu stellen ist manchmal leider notwendig. Weil es wohl immer Menschen geben wird, die vorschnell urteilen und vor allem jene verurteilen, die sie nicht richtig einzuschätzen wissen. Während meiner Zeit mit Lukas habe ich sehr vieles über die dringende Notwendigkeit einer wertschätzenden Haltung füreinander gelernt. Je näher ich mich mit seinen Verhaltensweisen auseinandersetzte, desto mehr legte der einst so verschlossene junge Mann seine Maske ab. Zwar brachte er es bis zum Ende unserer Zusammenarbeit nur selten übers Herz, dasselbe auch mit seinen Umhängen zu tun, doch konnte man ihm das nicht verdenken. Zumindest nicht dann, wenn man sich an seine Geschichte erinnerte.

Auch mein Papa durfte Lukas einmal kennenlernen. Der junge Mann hatte es im Laufe der Jahre geschafft, eine Arbeitsstelle in einer Berghütte zu bekommen, wo er einen ganzen Sommer mit Saisonarbeit verbrachte. Er hatte mich eingeladen, ihn auf einer unserer Familienwanderungen zu besuchen. Ich kann mich gut daran erinnern, wie freudig Papa Lukas damals begrüßte und wie er seine tolle Arbeit lobte. Er überließ ihm sogar seine Schildkappe. Diese Ehre erwiderte Lukas freudestrahlend und bedankte sich stolz, dass wir auf jener Hütte seine Gäste waren.

Die Zeit mit Lukas, der sein Leben mittlerweile in einer Wohn-

Was bin ich heute froh darum, dass mein Papa im Jahr 2010 bei der Rettung meines geliebten Vierbeiners half!
Foto: Stefan Drexel

Aby scheint bis heute zu wissen, dass es Papa gewesen ist, der „ihn geholt hat".
Foto: Constantini

gemeinschaft in einem anderen Bundesland genießt und den ich immer noch ab und zu besuche, hat mir einmal mehr verdeutlicht, wie sehr der erste Eindruck täuschen kann. Zwar orientieren wir Menschen uns anhand dieser Eindrücke und greifen dabei auf bereits gemachte Erfahrungen zurück. Doch sie täuschen allzu oft unser Einschätzungsvermögen. Was wir auf den ersten Blick als irritierend empfinden, lässt sich auf den zweiten Blick meist allzu schnell nachvollziehen. Wen wir schnell verurteilen, der könnte im Nachhinein sogar zu einer unserer wichtigsten Bezugspersonen werden. Menschen, die augenscheinlich von einem als „Normalität" verstandenen Zustand abweichen, haben es daher umso schwerer.

Genau so schwer, wie es viele an Demenz erkrankte Menschen haben, wenn sie nach und nach von jener „Normalität" abzuweichen drohen. Besonders diese Krankheitsverläufe stellen so etwas wie „Normabweichungen auf Raten" dar. Nach und nach ändert sich das Verhalten der Betroffenen. Sie beginnen, sogenannte „Fehler" zu machen, sich nicht mehr „gesellschaftsfähig" zu benehmen oder gar ausfällig zu werden. Was wir davon als Gesellschaft akzeptieren können, hängt nicht zuletzt davon ab, wie sehr wir um

Vielleicht fiel mir der Umgang mit Lukas leichter, weil auch ich stets auf den Spuren von Pippi Langstrumpf wandeln wollte.

Foto: Constantini

jene meist unvermeidbaren Veränderungen wissen und wie viel Verständnis wir den Menschen daher entgegenbringen können. Verständnis dafür, dass es Verhaltensweisen gibt, die Betroffene ab einem gewissen Punkt selbst nicht mehr zu steuern imstande sind. Oder Verhaltensmuster, mit deren Hilfe sie versuchen, in einer neuen Realität klarzukommen. Wie im Fall von Lukas, der mit seinen Verkleidungen und in seinen verschiedenen Schuhen neue Wege beschreiten wollte. Die Schuhe bildeten für den jungen Mann auch ein Symbol für Charakterstärke, wie sie Pippi Langstrumpf aus dem Kinderbuch von Astrid Lindgren gezeigt hatte, das kleine Mädchen aus der Villa Kunterbunt, dem es gelang, alle Menschen schlichtweg zu akzeptieren.

KAPITEL 12

Gesellschaftliche Kür oder menschliche Pflicht?

Als Kind liebte ich es nicht nur, mich als Pippi Langstrumpf zu verkleiden, sondern ich schlüpfte überhaupt gerne in verschiedenste Rollen. Nicht nur einmal organisierten meine Eltern deshalb tolle Motto-Partys. Während sich meine Mama darum bemühte, uns Kindern bunte Kinder-Cocktails zu mixen, war es die Aufgabe meines Papas gewesen, den Stab für den Limbo-Tanz möglichst ruhig zu halten.

Schon im frühen Kindesalter gaben meine Schwester und ich nicht allzu viel auf die Meinungen der anderen, zumindest wenn es darum ging, „normabweichende" Kleider zu tragen. Möglichst bunt und ausgefallen sollten sie schon im Kindergarten sein. So bunt und wild kombiniert, dass sich am Kinderspielplatz einmal eine sehr lustige Szene ergab:

„Schau mal, sind das nicht die Kinder vom Constantini?", sagte eine Mutter zur anderen auf der Bank neben meiner Mama.

„Na, geh! Bitte! Schau mal, wie die angezogen sind! Das kann nicht sein", gab die andere Frau zurück. Sie war wohl der Meinung,

Kinder von sogenannten „Prominenten" müssten adretter gekleidet sein. Und von „adrett" konnte im Hinblick auf die Auswüch-
se unserer kindlichen Kreativität meist wirklich nicht gesprochen
werden. Meine Mama muss noch heute laut loslachen, wenn sie
mir diese Geschichte erzählt. Sie verdeutlicht aber, wie frei wir Kinder schon immer in unseren Entscheidungen waren. Auch wenn
unsere Kleiderwahl auf Bikinioberteile fiel, die über Skianzügen
getragen wurden.

Zwar hatte ich dann während meiner Pubertät rückblickend
nicht ganz so viel Verständnis dafür, dass meine Mama damals auf
die Fragen anderer Mütter, ob sie ihre Tochter denn wirklich so in
den Kindergarten gehen lassen möchte, geantwortet hatte: „Na, sie
wird schon merken, wie ihr Outfit ankommt, wenn sie die anderen
Kinder anstarren. Sie besteht eben darauf", aber heute verstehe ich
die Intention dahinter umso mehr.

Umso weniger verstehe ich eine Gesellschaft, die älteren und
vor allem erkrankten Menschen ihre „Eigenheiten" zunehmend
verwehren möchte. Wenn ich also an mich in Skianzug und Bikini-
oberteil denke, muss ich mich fragen, warum wir reifen Genera-
tionen jene Abweichungen einer vorgegebenen Normalität abspre-
chen und sie nicht selbst bestimmen lassen wollen.

Ich erinnere mich noch gut daran, wie ich meinen Papa nur wenige Monate nach dem Unfall bei einem Spaziergang nach seiner
Meinung zur Veröffentlichung seiner Demenz-Diagnose gefragt
habe. Wüssten die Menschen um seine Erkrankung – so dachten
wir –, würde ihm immerhin noch ein gewisses Maß an Normalität erhalten bleiben können. Und anderen Menschen könnte diese
Veröffentlichung auch helfen.

Papa fand die geplante Veröffentlichung von Anfang an gut. Er
selbst war es sogar, der damit argumentierte, dann Vorbild sein zu
können. „Für die, die nicht mehr rausgehen", sagte er. Für meinen
geselligen Papa ist es nämlich bis heute vollkommen unverständlich, nicht hinauszugehen. Genauso unverständlich wie darauf zu
verzichten, es sich gut gehen zu lassen. „Wir müssen leben. Wir

müssen genießen", sagt er oft. Oder: „Wir leben ja nur einmal." Diese Lebensweisheiten will er auch uns Kindern mitgeben.

Papa genießt sein Leben auch heute noch, obwohl er manche Menschen eben zweimal grüßt, sich einst begangene Wege oder Ereignisse aus seiner Vergangenheit nicht mehr selbstverständlich in Erinnerung rufen kann. Manchmal schon, manchmal eben nicht. Weil er eben bei allen Einschränkungen merkt, dass es umso wichtiger ist, weiterhin „rauszugehen", und weil ihm dieses „Draußensein" ungemein guttut.

Als seine Diagnose veröffentlicht wurde, waren die negativen Konsequenzen dieser Haltung natürlich auch die Schlagzeilen, die bald nach diesem Spaziergang und der Veröffentlichung unseres Statements nochmals durch die Medien gehen sollten. „Didi Constantini leidet an Demenz", „Ex-ÖFB-Chef an Demenz erkrankt" und „Constantini outet sich nach Unfall", lauteten die Headlines, die ich nach jenem Tag der Veröffentlichung, den ich mit meinem Freund, seiner Familie und Aby auf den Bergen verbracht hatte, nachlesen konnte. Auch von einem „Demenz-Drama" war an jenem und den folgenden Tagen häufig zu lesen.

Spätestens hier war auch ich nachdenklich geworden: Ob wir wirklich zu mehr Akzeptanz von Demenz beitragen konnten, wenn von einem „Drama" berichtet wurde? Aber dann veranlassten mich gerade diese Schlagzeilen, in meinem Buch auch über die Pflichten einer Gesellschaft zu schreiben. Nämlich über die menschliche Pflicht, die wir alle haben, wenn es um das Zusammenleben mit älteren erkrankten Menschen geht. Schließlich sind sie doch auch diejenigen, denen wir vieles zu verdanken haben. Nicht nur ich als Tochter bin meinem Papa für alles dankbar, was er meiner Mama, meiner Schwester und mir Zeit unseres bisherigen Lebens ermöglicht hat. Auch wir als Gesellschaft sollten jenen gegenüber dankbar sein, die vorangegangen sind, um uns den einen oder anderen Weg erst zu ebnen, anstatt aus ihrem späteren Lebensabschnitt ein „Drama" zu machen oder sie gar auszuschließen.

„Respekt vor dem Alter", das sollten schließlich auch noch

so eigensinnige und selbstbestimmte Kinder gelehrt bekommen. Heute scheint es allzu oft, als würde jene Regel mit dem Erwachsenwerden zunehmend in Vergessenheit geraten. Wir sind sehr damit beschäftigt, immer noch schneller, noch innovativer und noch effizienter zu werden, und übersehen dabei gerne die, die jener Schnelllebigkeit nicht mehr folgen können. Eine Geschwindigkeit, zu der ich mir in letzter Zeit ebenfalls sehr viele Gedanken gemacht habe. Denn so wie Kinder brauchen eben älter werdende und erkrankte Menschen stets andere, die ihr Tempo akzeptieren und sich im besten Fall auf sie abstimmen. Die, die „nicht mehr rausgehen", vermissen jene anderen in ihrem Umfeld meist. Meine Psychotherapeutin hat mir gegenüber einmal das Leben älterer Menschen mit einem Karussell verglichen und mir damit ein gut fassbares Bild vermittelt. „Wer einmal ausgestiegen ist aus diesem Karussell des Lebens, es von außen betrachtet, der tut sich wahrlich schwer, den einzelnen Wagen des sich immer rasanter drehenden Ringelspiels zu folgen." Verhaltensabweichungen und das Nicht-mehr-folgen-Können der einst gelebten Normalität führen dann allzu schnell in Isolation und Vermeidung. Oder man drückt diesen Menschen gar den Stempel „verrückt" auf. Dabei ist letzteres Attribut besonders in Hinblick auf Demenzerkrankungen vielleicht nicht ganz falsch. Schließlich „ver-rückt" bei einer Demenzerkrankung tatsächlich so einiges.

Für jenes von der Norm abweichende Verhalten und Erleben von Demenzkranken sorgen Veränderungen im Gehirn, die meist Jahre vor den ersten Anzeichen der Erkrankung entstehen. Bei der Alzheimer Demenz handelt es sich um sogenannte Amyloidplaques, die sich an den Außenwänden von Hirnzellen ablagern, sowie um verfilzte Knäuel von Proteinfasern, sogenannte Neurofibrillen, die sich innerhalb der Nervenzellen ansammeln. Wachsen die Synapsen zur Signalübertragung zu Beginn der Erkrankung noch nach, so ändert sich dies im späteren Verlauf und ganze Nervenzellen sterben dann einfach ab. Das Gehirn „schrumpft" im wahrsten Sinne des Wortes. Ein biologischer Prozess, der nicht mehr rückgängig gemacht werden kann. Zumindest nicht nach heutigem medizinischem Stand.

Aufgrund dieser biologischen Vorgänge werden Demenzen, die sich im Allgemeinen zu den psychischen Erkrankungen zählen lassen, auch als „organisch bedingt" beschrieben, genauer als „organisch bedingte psychische Erkrankungen". Die durch die organisch bedingten Veränderungen im Gehirn verursachten „abnormalen" Verhaltensweisen sorgen dafür, den Umgang mit Demenzkranken zu erschweren, weshalb die Erkrankung nach wie vor vielfach tabuisiert wird. Im Krankheitsverlauf können sowohl psychische Symptome, wie beispielsweise depressive Verstimmungen, Reizbarkeit und Aggression, als auch unter anderem Einschränkungen in Bereichen der Orientierung, Wahrnehmung, Auffassung und des Behaltens von Informationen und Erinnerungen folgen. Daraus ergibt sich vielfach ein Zusammenspiel verschiedenster Symptome.

Was den Verlauf von Demenzerkrankungen angeht, so spricht man gerne auch von Stadien. Hierbei ist es wichtig zu betonen, dass jene Stadien durchwegs unterschiedlich verlaufen. Herausfordernd sind viele der nach und nach auftretenden Symptome jedenfalls allemal. Dies umso mehr, wenn man als Angehöriger damit alleine gelassen und nicht von einer umsichtigen Gesellschaft unterstützt wird. Jemand, der sich mit einem gebrochenen Bein gerne einen Kaffee zubereiten möchte, weiß im Gegensatz zu jemandem, dessen Gehirn sich verändert, schließlich meist, wo die Milch zu finden ist, und wird auf der Suche danach weder ungeduldig noch ausfällig oder aggressiv. Und mit einem solchen Verhalten umzugehen ist nun einmal schwieriger, als jemandem seine zu Boden gefallene Krücke zu reichen. Es erfordert Menschlichkeit, Anpassungsfähigkeit und nicht zuletzt Toleranz. In einer älter werdenden Bevölkerung sollte eigentlich diese Toleranz im Umgang mit Demenz für jeden zu einer menschlichen Pflicht werden. Und wir sollten als Gesellschaft versuchen, Menschen, die unmittelbar von Demenz betroffen sind, ihren Alltag und ihr Leben auch außerhalb der eigenen vier Wände zu erleichtern. Ihnen genauso Barrieren aus dem Weg schaffen, wie wir es seit Jahren tun, wenn wir Rollstuhlfahrern Rampen oder blinden Menschen vibrierende Ampelsysteme bauen. Um den Erkrankten eine gewisse Eigenständigkeit zu ermöglichen und auch langfristig erhalten zu können. Und um damit gleichzeitig pflegende Angehörige zu entlasten, die genau so viel Anrecht auf ihr eigenes Leben, auf ihre Unabhängigkeit haben wie Betroffene eben auch.

Es ist mir durchaus bewusst, dass dieses Buch nicht alle Leser dazu bringen wird, sich zukünftig für Demenzkranke zu engagieren. Es braucht sicherlich mehr dazu. Doch fürs Erste reicht es schon, wenn man auf der Straße und in der Öffentlichkeit die Augen offen hält, um betroffenen Mitmenschen Hilfe und Unterstützung zukommen zu lassen, damit ihnen das „Rausgehen" überhaupt möglich wird.

KAPITEL 13

Demenzfreundlich ist eine Eigenschaft

Dieses „Rausgehen" zu ermöglichen steht in enger Verbindung mit unterschiedlichsten Demenzstrategien. Neben der notwendigen Toleranz, die jeder Einzelne im Umgang mit der Erkrankung in unserer Gesellschaft an den Tag legen sollte, bedeutet „Demenzfreundlichkeit" auch vielfach die Anpassung von Umgebungsbedingungen an die Demenzpatienten. Es gibt bereits zahlreiche Initiativen für demenzfreundliche Gemeinden, demenzfreundliche Pflegeheime und auch demenzfreundliche Kliniken. So wird beispielsweise darauf geachtet, dass Wohnräume in Pflegeheimen so eingerichtet werden, dass Demenzkranken ein Aufenthalt dort erleichtert werden kann: Deutliche Farbkontraste oder Symbole, die als Wegweiser dienen, sollen das Leben in einer als zunehmend komplexer erfahrenen Umwelt vereinfachen.

Auch die Polizei hat sich in Österreich erfreulicherweise der Demenzfreundlichkeit verschrieben, indem Einsatzkräfte intensiv geschult und auf die Konfrontation mit demenzkranken Menschen im Berufsalltag vorbereitet werden. In Tirol ist mir das erstmals im vergangenen Herbst aufgefallen. Ich musste in die Landespolizeidirektion, um meinen LKW-Führerschein verlängern zu lassen – den ich, um Pferde mitführen zu dürfen, im Alter von 18 Jahren erworben habe –, und fand mich in einer „demenzfreundlichen Abteilung" wieder. Selten hat mir ein Amtsbesuch derartig viel Freude bereitet.

Auch andere Berufsgruppen, darunter viele der Klinikmitarbeiter, mit denen auch Papa nach seinem Unfall in Berührung gekommen ist, haben sich bisher um den Erwerb jener Kompetenzen bemüht. Dennoch sind wir von einer flächendeckenden Demenzfreundlichkeit und einer Integration von genügend Berufsgruppen in die erforderlichen Strategien noch weit entfernt. Die Exekutive, ein paar ausgewählte Gemeinden und Klinikabteilungen reichen leider nicht aus, um Demenzkranken ein möglichst „normales" Leben, so lange es geht, zu erhalten, sondern es sind viel mehr Menschen, viel mehr Institutionen und Betriebe des täglichen Bedarfs erforderlich. Nicht zuletzt deshalb, weil viele Erkrankte ihre Einschränkungen vor allem während der ersten Krankheitsjahre zu vertuschen versuchen und bis zu 40 Prozent der Fälle sogar von Medizinern noch lange übersehen werden.[15] Daher sollten möglichst alle Bereiche des täglichen Lebens demenzfreundlicher gestaltet werden.

Ich stelle mir dabei immer die Wege vor, die ich mit meinem Papa gemeinsam gehe. Da ich unsere Ausflüge möglichst vielseitig gestalten möchte, gelangen wir auch an die unterschiedlichsten Orte. Ein Besuch bei der Pediküre, zu der ich Papa wegen seiner lädierten „Fußballer-Füße" schon manchmal schleppe, oder das Mittagessen im Restaurant können mittlerweile zu einem Abenteuer werden. Dann nämlich, wenn es zum Beispiel bei einem Essen um die Entscheidung zwischen Vorspeise-Gabeln, Suppenlöffel oder Buttermesser geht. „Deines oder meines?", meldet sich Papa dann sehr oft, um mich nach seinem oder meinem Besteck

---

15 Quelle: Kasper et. al 2015

zu fragen. Schließlich fällt es jemandem, dessen Wahrnehmung sich verändert, nicht immer leicht, Gegenstände voneinander zu unterscheiden, geschweige denn sie dem eigenen oder einem anderen Besitz zuzuordnen. Glücklicherweise ist meinem Papa auch bei öffentlichen Veranstaltungen kaum ein Tischnachbar jemals böse, wenn er zum falschen Glas greift, um daraus zu trinken. Weil die Optomotorik, d. h. die Ziel- und Folgebewegungen der Augen bei horizontalen und vertikalen Blickbewegungen, und auch das visuelle Suchverhalten bei Betroffenen oft eingeschränkt sind, könnte die Devise in demenzfreundlichen Restaurants daher lauten: Besser das vorab geschnittene Schnitzel mit der einen unverwechselbaren Gabel zum Tisch bringen, anstatt Gefahr zu laufen, dass Gäste zukünftig ausbleiben, aus Scham, dass sie sich versehentlich am falschen Besteck bedient haben oder das eigene Glas plötzlich nicht mehr ausmachen konnten.

Ganz egal also, ob es sich dabei um den Restaurantbesuch, den Gang zur Fußpflege, zum Friseur, zu Post, Bank, Apotheke, ins Fitnessstudio oder auch um die Bestellung beim Bäcker, das Bus- und Bahnfahren, das Bezahlen an der Supermarktkasse – von Selbstbedienungskassen gar nicht zu sprechen – handelt, alles ist mit Hürden versehen. Was den öffentlichen Verkehr und das Bezahlen beim Erwerb von Gütern des täglichen Bedarfs angeht, so sollten wir meines Erachtens damit aufhören, Ticket- und Bezahlvorgänge gänzlich durch Apps zu ersetzen. Diese zwar oft kostengünstigeren, aber vielfach komplexeren Varianten schließen mittlerweile eine große Gruppe an Personen aus. Als demenzfreundlich sollten sich hingegen all jene Betriebe und Institutionen ausweisen dürfen, die dem demenzkranken Menschen den Erhalt eines „normalen" Alltags ermöglichen können. Um Normalität für diejenigen zu fördern, die ansonsten, in Pflegeheimen abgestellt und zur Untätigkeit verdammt, immense Kosten für die gesamte Bevölkerung verursachen. Global geschätzt belaufen sich jene gesellschaftlichen Kosten schließlich bereits heute auf 818 Milliarden US-Dollar. Um bis zum Jahr 2030 voraussichtlich auf

2 Billionen US-Dollar zu steigen.[16] Geld, das wir woanders investieren könnten, müssten wir es nicht in die medizinische und psychosoziale Versorgung jener stecken, deren Gesundheit wir durch kostengünstigere Strategien erhalten könnten.

So wie es in Krankenhäusern bereits sogenannte Notfall-Karten für Demenzkranke gibt, so könnten zukünftig „Hinweisschilder" darauf aufmerksam machen, dass es sich um demenzfreundliche Institutionen, Ämter, Restaurants, Postfilialen, Bäckereien, Supermärkte, Fitness- und Friseurstudios und möglichst viele weitere Institutionen und Geschäfte handelt. Ganz zu schweigen von Förderungen, die an demenzfreundliche Arbeitgeber – und Arbeitnehmer – ausgezahlt werden sollten, anstatt das Geld an ein Gesundheitssystem zu verschwenden, das es versäumt, die entsprechende Präventionsarbeit zu leisten.

Durch solche Hinweise auf Demenzfreundlichkeit könnte man eventuell auch den sozialen Druck auf andere Unternehmen und öffentliche Stellen erhöhen. Dabei spreche ich nicht von Strafen, wie sie Papa als Coach erteilt hatte, wenn er seine Spieler für unangebrachtes Benehmen (beispielsweise Spucken beim Spiel oder Gesten, die im Stadion deplatziert waren) in die Mannschaftskassen einzahlen ließ, sondern von Maßnahmen, die dazu motivieren, mehr Demenzfreundlichkeit an den Tag zu legen.

Eine gute Unterstützungsmöglichkeit – die auch Mama, die Papa ebenfalls auf sehr vielen Wegen begleitet, als besonders sinnvoll erachtet – wäre schließlich auch eine Art äußeres Abzeichen für die Betroffenen, ein „demenzfreundliches Erkennungszeichen", sodass Menschen, die mit dem Krankheitsbild der Demenz nicht unmittelbar vertraut oder zumindest im Umgang mit Betroffenen nicht geschult sind, ein Signal erhalten, dass hier besondere Achtsamkeit geboten ist. So wie man einen Blinden an den drei schwarzen Punkten auf gelbem Grund und am Blindenstock erkennt und ihn davor bewahren kann, etwa über den Bordstein

---

16 Quelle: WHO, 2018

eines möglicherweise noch nicht behindertengerechten Gehsteigs zu stolpern. Mit solchen äußeren Zeichen ausgestattet, könnten auch orts- oder zeitverwirrte Menschen schneller auf Unterstützung stoßen und sich damit ebenso frei bewegen wie blinde Menschen.

Was meinen Papa angeht, so bildet die einstige Veröffentlichung seiner Erkrankung heute ebenso eine Art „Kennzeichnung". Jene, die ihn persönlich oder aufgrund seiner beruflichen Vergangenheit kennen, wissen mittlerweile um seine Einschränkungen, und egal ob er sich mit anderen Golfern auf dem Golfplatz befindet und Runden dreht oder ob er in Cafés und Restaurants an seinen Tisch zurückbegleitet wird, durch diese Unterstützung aus der Bevölkerung wird Papa nicht nur das „Rausgehen", sondern auch ein weitestgehend normaler Alltag ermöglicht, der ihm merkbar guttut! Während viele andere Betroffene zunehmend zu Hause bleiben, dort, wo sie sich trotz mancher Schwierigkeiten vielleicht noch am besten zurechtfinden und etwaige „Fehltritte", wie dass die Milch statt in der Kaffeetasse im Mülleimer landet, vielleicht nur dem Lebenspartner, höchstens noch Kindern oder Enkelkindern auffallen könnten. Jedenfalls zeigen sich viele demenzkranke Menschen lieber nicht mehr dort, wo sie von anderen beurteilt und in vielen Fällen sogar verurteilt werden könnten.

Jene Demenzfreundlichkeit ist daher nicht nur gegenüber meinem Vater wichtig, zumal es sich bei der wachsenden Anzahl von Betroffenen in Zukunft vielleicht weder Restaurants noch sonstige Geschäfte werden leisten können, auf diese Kunden zu verzichten. Heute schon gilt: Zählt man bis drei, ein–zwei–drei, so ist bereits irgendwo auf der Welt wieder ein Mensch an Demenz erkrankt, und damit an einer Erkrankung, die ganze Systeme, gesamte Familien betrifft. Denn es sind vor allem die sogenannten primären Angehörigen, die sich um Betroffene kümmern und die dadurch, das sei an dieser Stelle noch einmal wiederholt, einem um rund 20 Prozent erhöhten Risiko unterliegen, im Laufe der Zeit selbst an einer psychischen Erkrankung zu erkranken. Womit das Gesundheitssystem genauso belastet wird wie im Falle der Menschen, die Risikofaktoren ausgesetzt sind, welche oftmals erst zu einer Demenz führen. So gelten beispielsweise Depressionen als jene Risikofaktoren, die das Auftreten von Demenzerkrankungen um bis zu 50 Prozent erhöhen können.[17]

Papa hatte sich, wie bereits geschildert, während seiner depressiven Lebensphase gegen bestimmte Behandlungen entschieden. Rückblickend kann nicht sicher festgestellt werden, ob er dadurch so manche Chance auf Heilung verpasst hat. Vielleicht hätte die ein oder andere früher eingesetzte Methode zum Erhalt seiner Gesundheit beigetragen. Schließlich hat sich gezeigt, dass eine möglichst frühe Diagnose, psychologische und psychotherapeutische Behandlungen sowie medikamentöse Therapien den Krankheitsverlauf von Demenzen positiv beeinflussen können.

Ebenso wie heute aus wissenschaftlichen Untersuchungen klar ist, dass es noch weitere Risikofaktoren neben jenen der Depression gibt. So zählt bereits übermäßiger Stress zu einem Faktor, der die Entstehung von Demenzen begünstigen kann. Nicht zuletzt deshalb, weil Stress und die dadurch vermehrte Ausschüttung sogenannter „Stresshormone" langfristig dem Herz-Kreislaufsystem Schaden zufügen. Jenes spielt vor allem bei der Entstehung vaskulärer Demenzen eine große Rolle, bei denen es zu Durchblutungsstörungen und infolgedessen zum Absterben von Nervenzellen im Gehirn kommt.

Während diese zweithäufigste Demenzform auf jene Durchblutungsstörungen zurückgeführt werden kann und sich bei Alzheimer-Demenzen bereits sogenannte Plaques bilden, sterben bei fronto-temporalen Demenzen neuronale Strukturen im Stirn- und Schläfenlappen des Gehirns ab. Bei der Lewy-Body-Demenz wiederum behindern sogenannte Lewy-Körperchen die Kommunikation der Nervenzellen.

---

17 Quelle: Leyhe & Lang, 2013

Auch als Eishockeyspieler schaffte es Papa zweimal in die österreichische Jugend-Nationalmannschaft. Noch Jahre später frönte er dieser sportlichen Leidenschaft ab und zu.

Foto: GEPA

Was die allgemeinen Risikofaktoren für die Entstehung von Demenzen angeht, so finden sich nicht nur Herz-Kreislauf-Probleme, sondern auch Übergewicht, Bluthochdruck, Diabetes, übermäßiger Tabak- und Alkoholkonsum ebenso wie eine unausgewogene und ungesunde Ernährung auf der Liste.

Papa war allerdings nie übergewichtig. Er ist kein Diabetiker, seine körperliche Fitness als Sportler muss ich wohl nicht erwähnen, und auch von Bluthochdruck wurde er Zeit seines Lebens glücklicherweise verschont.

Einzig was seine Ernährung angeht, hätte für ihn als Spitzensportler vielleicht etwas Aufholbedarf bestanden. Doch sein Speiseplan war nicht zuletzt seinen Kochkünsten geschuldet, die wohl auch ich geerbt habe. Ham & Eggs oder Ham & Eggs standen für uns Kinder nämlich immer dann auf dem kulinarischen Programm, wenn Papa ausnahmsweise mal die Küche in Beschlag nehmen musste – was glücklicherweise nicht allzu oft der Fall war. Dann lieber gleich zum Chinesen mit dem tollen runden Tisch, auf dem sich die Speisen zu jedermann beliebig drehen ließen. Wir Kinder liebten das!

„Guat! Patati[18] und a bissl a Fleisch", gab er einst zur Antwort, als wir ihn mitten in der wohl heruntergekommensten Gegend von Barcelona in ein Restaurant geschickt hatten, und er uns kurz danach über das dortige Angebot informierte. Nach dieser recht vagen Schilderung wollten wir uns doch lieber selbst von der Speisekarte überzeugen. Die vor Fett triefenden Vitrinen hätten wir im Nachhinein tatsächlich lieber nur von außen betrachtet.

Von Papas Zeit als Trainer bei Admira Wacker wird zudem erzählt, dass er den Spielern vor Matches stets ein Stück Sachertorte mitgebracht hatte. Wohl um sie für die folgenden 90 Minuten stärken zu können. Dass Papa Zeit seines Lebens ein „unkomplizierter Esser" viel eher als ein Gourmet gewesen ist, ist wohl nicht zuletzt seiner Kindheit geschuldet. Schließlich musste der Schimmel auf Brot oder Butter von meiner Oma schon mal weggeschnitten werden, damit die Familie weiteressen konnte und die teuren Lebensmittel nicht vergeudet wurden. Für diese „Patati-Mentalität", wie ich sie aufgrund unserer lustigen Erinnerung an jenen Städte-Trip nach Barcelona nenne, liebe ich meinen Papa ebenfalls. Diese Eigenheit von ihm liebte ich auch dann noch, als wir 2017 anlässlich unserer Papa-Tochter-Reise in New York ankamen, um sogleich einen der berühmten Straßen-Hot-Dog-Stände zu stürmen. „Hauptsache, Sie vermeiden die Straßenküchen!", diese Warnung des Touristenguides auf unserer darauffolgenden Stadttour kam für unsere kulinarischen Vorlieben viel zu spät.

Den Risikofaktor Ernährung und auch Tabakkonsum muss Papa sich Zeit seines Lebens zuschreiben. Als ich im Alter von drei Jahren zur Weihnachtszeit mein geliebtes Fläschchen vor die Türe unseres damaligen Hauses in Niederösterreich stellte, damit es ein für allemal vom Christkind abgeholt werde, beschloss auch Papa aus Solidarität, seinen Tabakkonsum zu beenden. Als „Gegenleistung" hatten am Tag nach der schmerzhaften Trennung Geschenke unter dem Christbaum gelegen. Auch Papa hatte – wie

---

18 ital. korrekt: Patate = Kartoffeln, aber Papa sagt immer „Patati".

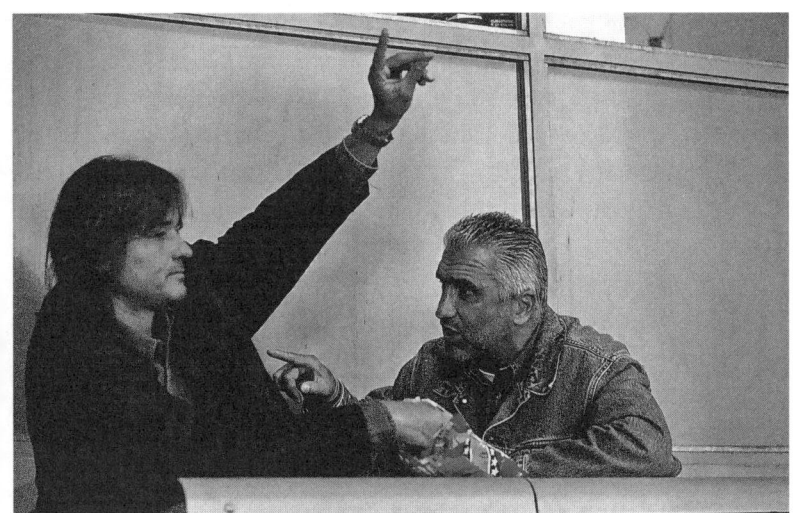

Nicht nur „Patati", sondern auch Chips und alles, was Zucker enthält, liebt Papa bis heute. Hier gönnt er sich auf der Zuschauertribüne gemeinsam mit Freund und Trauzeuge Hans Krankl ausnahmsweise ein bisschen Salzgebäck.

Foto: by der Plankenauer

Neben dem „kleinen Chefkoch" Axel Deller galt Papa eine Zeit lang ironischerweise sogar als „großer Chefkoch". Was seine Erkrankung angeht, so ließ sich seine Ernährungsweise immer schon eher den Risiko- als den Schutzfaktoren zuordnen.

Foto: Hannes Kutzler

er mir weismachen wollte – Geschenke bekommen, weil er seine letzte Zigarettenpackung gleichzeitig mit mir hinausgelegt hatte. Diese muss dem Christkind unterwegs abhandengekommen und irgendwie zurück in die Hände von Papa gefallen sein. Während diese Strategie bei mir tatsächlich zum Erfolg und zur endgültigen Fläschchen-Abstinenz geführt hatte, versagte sie bei Papa auf der ganzen Linie. Noch viele Jahre lang sollte sich sein Zigarettenkonsum hinziehen.

Heute allerdings ist Papa rauchfrei. Und dement ist er auch. Risikofaktoren hin oder her.

So wie jeder Mensch, auch wenn er noch so gesund und ausgewogen lebt, eben dement werden kann. Und obwohl den größten Risikofaktor eben immer noch das Alter darstellt, gibt es auch hier große Ausnahmen. So erkranken manche Menschen bereits in ihrem vierten Lebensjahrzehnt, in selten Fällen auch noch früher. Besonders hier ist Demenzfreundlichkeit gefordert, weil Menschen dieses Alters meist noch mitten im Arbeitsleben stehen und auch die Zahlen der jüngeren Erkrankten stetig zunehmen.

Demenzerkrankungen, die vor einem Alter von 65 Jahren auftreten, sagt man, schreiten eher rascher voran. Aber auch das ist nicht immer so. Genauso wie sich zu Beginn auftretende Symptome vielfach voneinander unterscheiden. Bei vielen Betroffenen zeigen sich anfangs meist banale Veränderungen. Habseligkeiten werden ständig verlegt, der Schlüssel oder das Telefon mehrmals am Tag gesucht. Symptome, die bei meinem Papa rückblickend nicht ganz einfach zuzuordnen gewesen sind, weil er sich Zeit seines Lebens dadurch auszeichnete, dass er Dinge ständig verlor. Als Fußballtrainer musste er sich schließlich um Terminvereinbarungen kaum selbst kümmern und wurde von Beratern und Unterstützern auch ständig an alles Wichtige erinnert.

Was ebenso früh auffallen kann, sind Orientierungsschwierigkeiten, die meist zuerst in fremder Umgebung auftreten. Allerdings ist auch das kein untrügliches Zeichen. Ich erinnere mich an eine sehr lange Suche nach unserem Auto, weil Papa und ich schlichtweg den Parkplatz vergessen hatten, wo es abgestellt war. Und das in einer Zeit, da von Demenz noch lange keine Rede war. Wir hatten zuvor ein paar Stunden in einem Einkaufszentrum verbracht und wollten anschließend unseren Wagen in der Tiefgarage abholen. Knappe eineinhalb Stunden verbrachten wir, mit dem elektrischen Schlüssel bewaffnet, in der Garage und suchten das erlösende Aufleuchten der Autolichter, bis wir uns beide schließlich daran erinnern konnten, das Auto doch im Hochgeschoss abgestellt zu haben. Orientierungslosigkeit gepaart mit Erinnerungsverlust. Und das nicht aufgrund von einer Demenz, sondern einfach wegen unser beider Unaufmerksamkeit. Jener Unaufmerksamkeit, mit der wir beide es eben auch allzu oft geschafft haben, Mama beinahe in den Wahnsinn zu treiben.

Ich führe dieses Beispiel an, um zu zeigen, dass es vor allem zu Beginn einer Demenzerkrankung oft alles andere als einfach ist, die ersten Symptome richtig zuzuordnen. Eben weil jene von Orientierungslosigkeit über Vergesslichkeit und Sprachschwierigkeiten bis hin zu Wesensveränderungen reichen und dabei immer noch im Licht der Persönlichkeit eines jeden Einzelnen betrachtet werden müssen, ist es ratsam, besonders genau hinzusehen.

Um sich für dieses Hinsehen Unterstützung holen zu können, gibt es, bei aller Demenzunfreundlichkeit ringsum, dennoch bereits tolle Anlaufstellen. Einige von ihnen möchte ich am Ende dieses Buches anführen.

KAPITEL 14

Mehr als Nullen und Einsen

Während die Suche nach Informationen zu Krankheitsbildern und verfügbaren Behandlungsleistungen im Zeitalter der Digitalisierung erleichtert werden kann, sollten wir viele weitere möglichst effektive Unterstützungsmethoden durchaus kritisch hinterfragen. Vor allem dann, wenn es um innovative Technologien geht. Neben Küchenhelfern, die melden, wenn der Herd nicht ausgeschaltet oder der Kühlschrank zu lange offen gelassen wurde, kommen schließlich vor allem in Pflegeheimen nach und nach auch Roboter zum Einsatz.

Solche potenziellen Unterstützungssysteme, deren Handlungsspielräume sich zwischen hochkomplex aneinandergereihten Nullen und Einsen (den sogenannten binären Codes, wie es in der Programmiersprache heißt) befinden, werden fortwährend erforscht. Ohne dabei Innovationen schlechtmachen zu wollen, finde ich es besonders in Hinblick auf unsere zunehmend digitalisierte Welt wichtig, sich stets mit den „richtig" eingesetzten Technologien auseinanderzusetzen. Im Umgang mit demenzkranken Menschen lässt sich in Bezug auf den Einsatz technologischer Hilfsmittel meines Erachtens nach nämlich sehr wohl von einem „richtigen" oder „falschen" Einsatz sprechen.

„Falsch" erscheint mir persönlich der Einsatz von Technologien immer dann, wenn deren Gebrauch darauf hinausläuft, die Menschen an sich ersetzen zu wollen. Wenn also beispielsweise über den Einsatz sogenannter „Kuschelroboter" diskutiert wird, um schwer demenzkranken Menschen damit eine Freude zu machen, dann sollten wir uns überlegen, ob wir denn die Fragen richtig stellen. Was ich damit sagen möchte? Es sollte nicht darum gehen, ob und inwieweit der Betroffene – und damit die Zielgruppe jener „Furby-Verschnitte" – noch menschliche von mechanischer Zuneigung unterscheiden kann oder welche Berührungen ihm guttun oder nicht. Vielmehr sollte es uns um die Frage gehen, ob wir uns als Gesellschaft mit dem Gedanken anfreunden wollen, unsere älteste Generation zukünftig in die Hände mechanisch gesteuerter Roboter zu geben, nur weil deren plüschiger Fellüberzug so flauschig ist und der Endverbraucher doch ohnehin keinen Unterschied mehr erkennt. Menschlichkeit sollte auch im Zeitalter des technologischen Fortschritts nach wie vor im Fokus all unserer Überlegungen stehen.

Wenn es allerdings darum geht, Pflegepersonal zu unterstützen, indem findige Roboter etwa die Essenszubereitung von demenzkranken Bewohnern in Heimen erleichtern, sodass die Pflegekräfte mit den Patienten mehr Zeit verbringen können, dann wird technologisch unterstützte Demenzfreundlichkeit meiner Meinung nach richtig eingesetzt. Auch Papa zieht zwischenmenschliche Beziehungen schließlich jedem technologischen Hilfsmittel vor. „Nein, nein, danke! Vielleicht später. Aber jetzt bist ja du da", antwortet er mir oft, wenn ich ihm meine Kopfhörer entgegenstrecke, um ihn in ein Hörbuch hineinhören zu lassen, das in der Mediathek meines Handys gespeichert ist. Er zieht es eben vor, sich mit mir auszutauschen, mich nach meinen Tagen und meiner Stimmung zu fragen oder von mir zu erfahren, was sich in der

Welt so abspielt. Wie ich sie empfinde, was ich von so manchen politischen Ereignissen halte, die er vielleicht zwischendurch in den Medien aufgeschnappt hat. Menschen, die an einer Demenz erkranken, haben durch die schrittweise Verkleinerung des eigenen Wissenshorizonts schließlich vielfach nur die Möglichkeit, ihren Blick in Richtung wichtiger Bezugspersonen auszuweiten. Um sich auf jene und ihr Verhalten be-ziehen zu können. Auch dafür gilt es, sich genügend Zeit zu nehmen, anstatt sich um immer noch innovativere und effizientere Neuerungen zu bemühen. „Well you've cracked the sky, scrapers fill the air. / But will you keep on building higher / 'Til there's no more room up there?", fällt mir an dieser Stelle eines der Lieblingslieder von Papa und mir ein, nämlich „Where Do The Children Play" von Cat Stevens (mittlerweile Yusuf Islam).

Schließlich tickt Papas Uhr nicht nur lauter, sondern eben auch anders. Ich bemühe mich daher, wenn ich mit ihm beisammen bin, möglichst wenig zu telefonieren und auch nicht in irgendwelchen Bildschirmen zu versinken. Zwar hat Papa großes Verständnis dafür, dass ich während meiner Besuche oder unserer Ausflüge zwischendurch schon einmal berufliche Gespräche führen muss (nichts anderes hat er Zeit seines Berufsleben schließlich unentwegt getan, weshalb Mama auch heute noch über ihren ersten gemeinsamen Festnetzanschluss mit dem extralangen Telefonkabel lachen muss – Papa musste nämlich bei seinen zahlreichen Telefonaten stets in der Wohnung herumspazieren können), aber im Wesentlichen versuche ich, mich mit ihm in möglichst analogen Welten zu bewegen. Ausgenommen sind dabei die Telefonate mit seinen Freunden, die wir meist dann anrufen, wenn wir zusammen sind. Auch die selbstständige Bedienung des einst so vertrauten Handys ist für Menschen, die viele ihrer ehemaligen Fähigkeiten nach und nach einbüßen, nämlich nicht immer einfach. Schon gar nicht, wenn sich auf den Smartphones mit einem Wisch scheinbar der ganze Globus zu verschieben droht. Flugmodus, Netzverlust, Software-Update, SMS an alle Kontakte, Adressbuch löschen und

Gemeinsam Zeit zu verbringen wird besonders wichtig, wenn geliebte Menschen an einer Demenz erkranken. Als Familie haben wir darauf glücklicherweise schon immer besonders viel Wert gelegt. Dieses Bild zeigt Papa (links) mit meinem Freund Matthias auf dem Paraglide-Landeplatz im Stubaital im Mai 2020.
Foto: © Constantini

viele andere plötzlich aktivierte Funktionen in Papas Handy haben auch uns als Familie schon vor so manche technologische Herausforderung gestellt. Doch beruhigenderweise wächst man auch hier mit seinen Aufgaben. Mama, Leni und ich sind mittlerweile also zumindest recht fit, was das Zurücksetzen auf Werkseinstellungen von allen möglichen Betriebssystemen angeht. Und Papa ist trotz aller Herausforderungen, vor die ihn sein Telefon heute stellt, nach wie vor sehr gewillt, die Mechanismen, die hinter diesem digitalen Begleiter stecken, verstehen zu wollen. „Das musst du mir mal erklären. Das hab ich verloren", sagt er oft zu mir, wenn ich tippend neben ihm sitze und mich kurz einmal nicht auf unser analoges Miteinander konzentriere. Dann erkläre ich ihm dieses Getippe und zeige ihm, welche Funktionen er brauchen kann und welche absolut überflüssig sind. Das sind nicht wenige, um ehrlich zu sein. Und doch haben wir alle immer mehr davon auf unseren vermeintlich smarten Wegbegleitern, immer mehr Apps, Features, Tracking- und Kommunikationsmöglichkeiten. Und alle werden sie laufend mit Updates versehen, um unsere Welt möglichst effizient zu gestalten. Getreu dem Motto „Höher, schneller, weiter".

Dabei frage ich mich allzu oft, ob man nach diesem „Weiter" nicht auch ein „Weg-von-empathisch-Sein" ergänzen müsste. Schließlich droht all das, was von analoger Zwischenmenschlichkeit wegführt, uns auch weniger empathisch zu machen, und uns auch unserer ureigensten menschlichen Fähigkeit zu berauben. Ein Beispiel, das ich in meinen Seminaren gerne bringe, ist das mittlerweile sehr gängige Zahlen mit Bankomatkarte. Oft beobachte ich die Menschen, die im Supermarkt vor mir an der Kasse stehen, und höre dabei ihren Monologen gegenüber dem Kassierer zu: „Mit Karte, bitte! (das „Bitte" ist nur manchmal dabei!) Rechnung brauche ich nicht", lautet dabei der meistverwendete Satz der Kunden, die ihr Gegenüber hinter der Kasse meist keines Blickes würdigen. Es mag banal klingen, doch sind es genau jene kurzen, zwischenmenschlichen Begegnungen, die für uns alle den „Schmierstoff einer Gesellschaft" bilden.[19]

Umso wichtiger ist dieser Schmierstoff jedoch, wenn es um demenzkranke Menschen geht. „Servas, wie geht's! Alles klar?!", fragt Papa beim Einkaufen nach wie vor so ziemlich jeden Kassierer und jede Kassiererin, um bei weiblichem Personal meist noch „Die Frauen haben das alles im Griff" anzuhängen. Oder: „Hey, Champion. Bist du der Chef, oder?", will er vor allem von Kindern wissen, die für ihre Eltern den Einkaufswagen schieben. Selten bekommt er darauf keine oder nur eine mürrische Antwort, unabhängig davon, ob die Angesprochenen ihn als den „Didi" enttarnen oder nicht.

Zwischen Menschen funktioniert Zwischenmenschlichkeit eben immer noch am besten. Und zwischen Menschen, von denen einer an einer Demenz erkrankt ist, ist sie schlichtweg unerlässlich. Ebenso ist der zwischenmenschliche Austausch auch für Angehörige meist mehr wert als jeder noch so gelungene Ratgeber. Solche Strategien zum Austausch haben sich mittlerweile zum Teil ins World Wide Web verlagert und können übriges auch, in Form

---

19 Quelle: Spitzer, 2018

von Online-Selbsthilfegruppen richtig eingesetzt, durchaus Sinn machen. Nämlich dann, wenn Angehörigen und Betroffenen dadurch ein orts- und zeitunabhängiger Austausch ermöglicht wird.

Im Zuge meines PhD-Studiums, das ich erst vor Kurzem an der Leopold-Franzens-Universität in Innsbruck angetreten habe, befasse ich mich verstärkt mit diesen Online-Selbsthilfegruppen für Angehörige und Betroffene von Demenz.[20] Dabei handelt es sich meist um öffentliche oder private Gruppen in diversen Social-Media-Kanälen. Zwar sollte dieser Austausch analoge Gespräche nicht ersetzen, doch bildet er eine weitere Zusatzstrategie, bei der technologische Innovationen vor allem Angehörige vielfach unterstützen können.

Die Beiträge der demenzspezifischen Gruppen lese ich mir auch nicht nur aufgrund meiner Recherchearbeiten gerne durch. Sie spenden vielfach tatsächlich Mut und zeigen zudem einmal mehr, wie viele Menschen von einer Demenz in der Familie betroffen sind. Transparenz durch Social Media, die ihrem Namen damit ausnahmsweise gerecht zu werden scheinen.

Ganz im Gegenteil zu jener Nutzung von Social Media, die sich oft nur auf den Vergleich mit anderen Usern und ihren geschönten Newsfeed-Inhalten zu beziehen droht. Vergleiche, die der Realität in den seltensten Fällen standhalten, schließlich werden über Soziale Medien hauptsächlich Posts schöner Scheinwelten öffentlich gemacht. Dass wir dadurch Gefahr laufen, unsere Zeit mit dem inflationären Durchforsten jener fremden Scheinwelten zu verbringen und uns dabei allzu gerne in jener Oberflächlichkeit verlieren, ist meiner Meinung nach ein großer Nachteil des digitalen Zeitalters. Genauso wie wir zu viel Lebenszeit an zu viele unnötige Apps vergeuden, die wir meist aus Langeweile auf unseren Smartphones bedienen.

Womit sich auch der Kreis zu einer demenzfreundlichen

---

20 Dissertationstitel: Social Aspects of Social Media – How online discussed topics in unofficial Facebook groups reflect real life problems of dementia care givers. Betreut von Univ.-Prof. Dr. Josef Marksteiner

Umwelt schließt: Wenn wir unsere Köpfe nämlich weiterhin im 45-Grad-Winkel nach unten in Richtung unserer Bildschirme neigen, sodass durch jene Abschottung in aller Öffentlichkeit Verkehrszeichen und Ampelsysteme in so mancher Stadt bereits auf dem Boden integriert werden müssen, laufen wir Gefahr, hilfsbedürftige Menschen zu übersehen.

Während so manche technologische Errungenschaft unserer Zeit also durchwegs nützlich sein kann, sollten wir uns stets darum bemühen, uns einen möglichst analogen Blick zu erhalten. Nämlich vorbei an zu vielen Bildschirmen und auf jene gerichtet, die unserer „Zwischen-Menschlichkeit" umso dringender bedürfen.

KAPITEL 15

Familiensachen

Auf die Gefahr hin, mich nun an manchen Stellen womöglich zu wiederholen, möchte ich in diesem Teil meines Buches nochmals auf meine und unsere familiären Strategien eingehen. Es ist nicht nur in meinem, sondern auch in Papas Sinn, dass dieses Buch anderen Menschen hilft: Betroffenen, Angehörigen, der Gesellschaft. Und ich hoffe daher, dass mir der Versuch, persönliche Erfahrung und berufliches Wissen zu vereinen, geglückt ist. Um noch ein wenig konkreter zu werden, will ich im Folgenden auf einzelne Strategien eingehen, die uns als Familie helfen, mit den Herausforderungen von Papas Demenzerkrankung umzugehen. Ausgeklammert lasse ich dabei die Fragen der Demenzfreundlichkeit, der fortwährenden Notwendigkeit rauszugehen, der Inanspruchnahme von Unterstützungsangeboten, der präventiven Vorkehrungen wie einer Vorsorgevollmacht oder Erwachsenenvertretung im Krankheitsfall, der Einsicht in die sogenannten „Risikofaktoren", das Wissen um die unvermeidbare Umkehr kindlicher und elterlicher Rollen oder auch die Wichtigkeit, sinnlose familiäre Streitigkeiten beizulegen.

Aufgrund der unterschiedlichen Verlaufsformen verschiedener Demenzerkrankungen und der individuellen Persönlichkeit der Betroffenen sowie ihrer Familien- und Lebenssituation, könnte es sein, dass unsere Strategien nicht immer für jeden und auch nicht immer in jeder Phase hilfreich sind. Trifft dies zu, so sollen unsere Strategien zumindest als eine Art Inspiration dienen, die zu eigener Herangehensweise anregen.

Tempo reduzieren

Oder: „Nit hudeln", wie Papa sagen würde, wenn ich ihn wieder einmal daran erinnere, nicht übereilt loszustarten, sondern die Wege eben langsamer als früher anzugehen.

Da es Betroffenen vielfach schwerfällt, mehrere Dinge gleichzeitig in Erinnerung zu behalten oder gar mehrere Handlungsabläufe gleichzeitig auszuführen, bewahrt jene Temporeduktion auch vor Überforderung. Und dabei war es immer Papa selbst gewesen, der kaum zur Ruhe kommen konnte und bei seinen Trainern – allen voran bei seinem Jugendtrainer Branko Elsner – für sein „blitzschnelles Erfassen der Situationen" bekannt gewesen war. „Unterwegs waren wir nur nach dem Spiel", erzählt er von damals, „und am Morgen danach wurde in Regenanzügen trainiert. Da war es vorbei mit den Schmähs. Da wurde Härteritualen gehuldigt. Ob das nach heutigen wissenschaftlichen Erkenntnissen gut für den Körper war, bleibt dahingestellt. Aber so war es früher nun mal. In der internen Hierarchie waren die oben, die in der Nacht und beim Spiel Gas geben konnten."

Auch mit einem „24-Stunden-Coach" als Papa, der von sich selbst stets behauptete, „nicht abschalten zu können", versuchen wir als Familie nun viel mehr Wert auf ruhigere Phasen zu legen. Wir versuchen, Dinge nacheinander anzugehen, und, so gut es geht, nicht zu sehr von zukünftigen Unternehmungen zu sprechen. „Jetzt trinken wir erst einmal einen Kaffee", und dann erst starten wir in unseren gemeinsamen Tag.

Auch heute noch ist Papa gerne viel und schnell unterwegs. Wir bemühen uns dennoch darum, unser Tempo zu reduzieren.

Foto: Constantini

Viele Betroffene neigen im Krankheitsverlauf ohnehin zu Unruhe, weshalb für die Angehörigen auch die Reduktion des eigenen Tempos wichtig ist. Eine Strategie, die ich im Umgang mit meinem Papa anwende, und die auch mir noch sehr viel bietet, vor allem weil ich mich darauf besinnen kann, mein Wohlfühltempo zu finden und mich nicht von Alltagsstress und Terminen hetzen zu lassen.

Schöne Erinnerungen schaffen

„Wir leben nur einmal, also tut's es genießen." Diese Weisheit von Papa habe ich bereits erwähnt, und auch hier kommt sie mir einmal mehr in den Sinn. Dass wir das Leben genießen, obwohl es herausfordernde Tage und Stunden gibt, machen wir uns, wann immer es geht, bewusst. Um uns die schönen gemeinsamen Momente in Erinnerung zu rufen und noch deutlicher vor Augen zu führen, hängen jede Woche neue Fotos unserer gemeinsamen Familienausflüge in der Küche von Mama und Papa. Mit bunten Magneten bringt Mama so Foto für Foto an der Kühlschranktüre an und sorgt dabei nicht nur bei Papa, sondern auch bei unserer gesamten Familie und allen Besuchern für strahlende Gesichter.

Seine Freude über gemeinsam erlebte Stunden und das Leben an sich äußert Papa am Ende eines gemeinsamen Tages immer gerne.

Sein „Danke, dass du das mit mir gemacht hast!", klingt mir in den Ohren, wenn ich daran denke. Und wehe ich antworte darauf so etwas wie: „Gern, das war nicht schlecht." Dann kommt von ihm nämlich garantiert zurück: „Nicht schlecht? Da ist ja nicht einmal ‚gut' dabei!"

Einflussbereiche unterscheiden

~

Genau wie dieser Optimismus und die kleinen Freuden bildet auch die aktive Gestaltung unseres Lebens eine wichtige Strategie. Wir konzentrieren uns verstärkt auf Dinge, die wir beeinflussen können, und lassen die beiseite, die sich unserem Einflussbereich entziehen. Dass Papa krank ist, können wir nicht ändern. Auch nicht, dass seine Erkrankung schleichend voranschreitet und er mit der Zeit immer mehr Fähigkeiten einbüßen wird. Vielleicht werden wir auch nicht verhindern können, an den Punkt zu gelangen, an dem er sich nicht mehr an uns erinnert. Vielleicht soll dem aber auch nicht so sein. Schließlich wissen wir heute nicht, was morgen sein wird. Deshalb ist heute auch die einzige Zeit, die im Zusammensein mit Papa zählt. Die gemeinsame Gegenwart so aktiv wie möglich zu gestalten, und damit die Verantwortung für den Lebensbereich zu übernehmen, der unserem Einfluss unterliegt, darauf hat Papa auch Zeit seiner Karriere viel Wert gelegt:

„Trainer ist der schönste Job, den's auf der Welt gibt. Man hat für alles die Verantwortung. Wenn man gewinnt, kann man's weitergeben, und wenn man verliert, dann potenziert sich's sowieso auf den Trainer hin. Mit dem muss man leben, und mir taugt der Job", sagte er einst zu einem Journalisten auf dessen Frage nach der Verantwortung als Trainer.

Verantwortung für das Hier und Jetzt übernehmen und Lebensräume aktiv gestalten zu können, bedeutet für uns als Familie eben auch, viel miteinander zu unternehmen. So treffen wir unsere und Papas Freunde und feiern die Feste, wie sie fallen. Im Sommer, im Winter, verkleidet, ausgelassen und mit den lieben Menschen, von denen wir umgeben sind. Wir genießen die Natur, machen wundervolle Spaziergänge oder lassen uns einfach nur die Sonne auf den Bauch scheinen. Sofern es uns möglich ist und wir nicht durch Pandemien, wie die aktuell grassierende Corona-Krise, davon abgehalten werden, fliegen wir auf Urlaub, erkunden neue Plätze oder schauen uns alte Fotos an. Wir schwelgen in Erinnerungen, schmieden Pläne für Zukunftsprojekte, und auch so manchen beruflichen Rat hole ich mir von meinem Papa. Erleichtert wird jene Strategie der aktiven Lebensgestaltung dadurch, dass Papa glücklicherweise ein sehr begeisterungsfähiger Mensch geblieben ist. Von seinen neu gewonnenen Hobbys habe ich bereits geschrieben, jedoch ist es nicht schwer, ihn auch weiterhin für Neues zu motivieren. Obwohl wir nicht mehr wie noch vor wenigen Jahren die Serles[21], im Dun-

Vor wenigen Jahren haben wir erstmalig unseren heimatlichen Hausberg Serles mit Stirnlampen bewaffnet bestiegen.
Foto: Constantini

Seit vielen Jahren verarbeite ich meine Erlebnisse, indem ich Tagebücher vollschreibe. Kurz nach Papas Unfall 2019 habe ich mir ebenfalls Notizen gemacht.
Foto: Constantini

---

21 Anm.: Die Serles ist einer unserer Tiroler Hausberge.

keln und mit Stirnlampen ausgerüstet, besteigen – die Höhe erscheint Papa mittlerweile zunehmend bedrohlich –, so versuchen wir unsere gemeinsamen Tage sehr abwechslungsreich, aktiv und in Gesellschaft zu gestalten.

„Am besten is es, wenn sie alle miteinander diskutieren", meinte Papa zuletzt an seinem 65. Geburtstag anlässlich eines lebhaften familiären Beisammenseins, bei dem er manchmal mitlachte und plauderte und manchmal einfach nur zufrieden zuhörte. Wie man das eben so tut, wenn man Momente genießt.

Weitermachen, weiterlachen

Dass Humor vor allem in herausfordernden Lebensphasen und Krisen hilft, konnte wissenschaftlich bereits vielfach bewiesen werden. Wir haben als sanftes Heilmittel für uns den Humor entdeckt oder besser gesagt nicht verloren. Als familiäre Strategie hilft er uns sehr, und glücklicherweise kann Papa nach wie vor am meisten über sich selbst lachen. Wenn er also seine Brille zum dritten Mal in kurzer Zeit verlegt hat und ich ihn daraufhin etwas provokant frage, warum er das denn immer macht, so entgegnet er mir schon mal: „He, nicht frech sein!", und kann sich dabei das Lachen über sich selbst einfach nicht verkneifen.

Genauso herzhaft mussten wir lachen, als ich ihn erst kürzlich beim Verlassen einer Eisdiele fragte, ob er sich seinen Pullover nicht lieber um den großen Eisfleck, der auf seinem Shirt prangte, binden möchte, um diesen Fauxpas etwas zu verstecken. „Wieso?", erwiderte er mit noch immer bewundernswerter Schlagfertigkeit. „Wenn wir jetzt durch die Straße gehen, wissen wenigstens alle, dass ich der mit dem Eis am Shirt bin!"

Zur Verteidigung meiner manchmal etwas sarkastischen Bemerkungen muss ich erstens erwähnen, dass der Mädchenname meiner Mama „Frech" lautete (von irgendwoher muss diese

Dank unserer gemeinsamen „Patati"-Mentalität gab es für uns Kinder schon mal Pizza zu essen.
Foto: Constantini

Eigenschaft ja kommen), und zweitens, dass auch Papa selbst mir nie viel schuldig bleibt. So zuletzt, als wir gemeinsam kochten. Kochen ist übertrieben gesagt, denn eher war es so, dass ich eines der drei Gerichte, die ich fähig bin zuzubereiten, mit ihm gemeinsam in Angriff nehmen wollte. Ich danke bei dieser Gelegenheit der genügsamen „Patati-Mentalität" von uns beiden. Jedenfalls wollte ich ein Ei aufschlagen, um es gleich darauf zu verwerten. Dabei warf ich nicht, wie eigentlich vorgesehen, die Schale, sondern leider das Ei in den Biomüll und begann sofort zu fluchen: „Was bin ich für ein Trottel!"

Papa sah mich etwas verwundert an, um im nächsten Moment mit einem Beschwichtigungsversuch zu starten. „Das macht doch nichts. Das kann jedem passieren."

Als ich zu ihm in Richtung Küchentresen sah, bemerkte ich, dass sich sein tröstender Gesichtausdruck mittlerweile in eine etwas schadenfrohere Miene gewandelt hatte. Und im nächsten Moment ergänzte er: „Wobei, als Koch, muss ich sagen, darf sowas nicht passieren." Und schon brachen wir beide in Gelächter aus.

Nach dieser Szene versenkten wir beide uns wieder in unsere laienhaften Koch-Handgriffe, und ich musste an Papas Art, mit solchen „Fehlern" umzugehen, denken. Meist schaffte er es nämlich ganz gut, sich auch seine eigenen vermeintlichen Fehltritte zu verzeihen.

Toleranz fördern

~

Dabei gibt es natürlich auch Tage, an denen er verärgert und von sich enttäuscht ist, weil eben nicht mehr alle „normalerweise" so alltäglichen Handgriffe sitzen wollen. Normen und alltägliche Abläufe, Handgriffe, wie wir sie oft schon als Kinder gelernt haben, dienen uns schließlich als Orientierungspunkte. Sie legen Zeit unseres Lebens unsere Verhaltensweisen fest, durch die es uns erst möglich wird, zu funktionieren. Und weil jene „Normabweichungen" nicht nur für Angehörige, sondern eben auch für Betroffene große Herausforderungen mit sich bringen können, sind wir auf eine weitere Strategie gekommen: Toleranz.

Toleranz als Strategie, die ich nicht nur in meiner beruflichen Praxis weitergeben möchte, sondern die mir auch im Umgang mit meinem Papa besonders hilft. Schließlich versuche ich, mich immer daran zu erinnern, dass ihm sein Repertoire an Möglichkeiten manches eben schlichtweg nicht mehr gestattet. Und auch wenn es anstrengend sein kann, ihn bei für mich selbstverständlichen Abläufen, wie dem Decken des Frühstückstisches, anzuleiten, so bemühe ich mich dabei um Geduld.

Zudem versuche ich, ihm seine Kompetenz nicht abzusprechen. Auch dann nicht, wenn er Dinge heute eben „anders" macht als früher.

Wenn also beispielsweise die Tassen auf den Tellern, zwei Messer statt der Gabel am Gedeck landen und die Kühlschranktüre generell offen bleibt, ohne dass es die Marmelade noch auf den Tisch geschafft hätte.

In einer solchen Situation versuche ich nachzuempfinden, dass die Welt für Papa eben zunehmend komplexer wird. Was wir uns als „gesunde" Menschen kaum vorstellen können, bedeutet für demenzkranke Menschen regelrechte Herausforderungen. So könnte man meinen, es sei selbstverständlich, wo die Milch eingeschenkt werden muss, an welchem Platz die Hausschlüssel noch immer liegen oder wo das eigene Bett zu finden ist. Wie spät es gerade ist und welche Schuhe es zu welcher Jahreszeit anzuziehen gilt. Solange unser Gehirn reibungslos funktioniert, ist das alles auch selbstverständlich. Kommt es jedoch aus verschiedensten Gründen zu „Fehlzündungen", so sind es jene alltäglichen Herausforderungen, die schier unüberwindbar werden.

Und obwohl es auch uns als Familie zeitweise schwerfällt, solche fehlerhaften Abläufe zu ignorieren, ist es wichtig, dass Angehörige davon auch mal absehen.

(Fehl-)Verhalten hinterfragen

Um im wahrsten Sinne des Wortes wegzusehen und eben nicht zu beobachten. Zwar beobachten Menschen, die an Demenz erkrankt sind, allzu gerne ihre Bezugspersonen, um sich eben an ihnen orientieren zu können. Im Gegenzug ist es Betroffenen selbst jedoch oft unangenehm, wenn auch sie bei allem, was sie tun oder zu tun versuchen, beobachtet werden. Verständlich wird das vor allem dann, wenn man sich in Erinnerung ruft, dass Betroffene ihre Einschränkungen vor allem zu Krankheitsbeginn meist sehr genau bemerken und sich dabei in vielen Fällen auch über die Bewertung durch andere im Klaren sind.

„Blöde Frage, oder?", versucht auch mein Papa sich gerne zu versichern. Stets verneine ich das, auch wenn mich seine Frage in dem Moment vielleicht wirklich irritiert und mich manche Fragen nach Ereignissen in unserer Vergangenheit sogar traurig stimmen, weil sie zeigen, dass er sich an manches nicht mehr erinnern kann.

Trotzdem versuche ich ihm stets zu versichern, dass es keine blöden Fragen gibt. Das lernen doch auch Kinder, die zu Wissbegierigkeit und Neugierde erzogen werden, oder? Lieber noch einmal fragen, um wirklich zu verstehen. Nichts anderes machen auch jene Menschen vermehrt, deren Horizont nach und nach kleiner zu werden droht. Schließlich müssen sie sich doch irgendwie orientieren dürfen. Wo sonst sollte ihnen das möglich sein können, wenn nicht bei den Menschen, denen auch sie einst das Begreifen und Verstehen gelehrt haben?

In solchen Momenten kritisch beobachtet und schlimmstenfalls andauernd korrigiert zu werden, ist für das Selbstvertrauen der Betroffenen nicht unbedingt förderlich. Vielmehr bringt ein solches Verhalten die erkrankten Menschen eher dazu, sich lieber zurückzuziehen, und dann eines Tages eben „nicht mehr rauszugehen", wie Papa sagt.

Also sorgen wir auch zu Hause lieber für ein möglichst demenzfreundliches Umfeld, indem zum Beispiel auf dem Frühstückstisch eben nur ein Besteckteil liegt, je nachdem, ob für den Moment eben das Butterbrot geschmiert oder die Marmelade aus dem Glas gelöffelt werden soll. Auch hier gilt schließlich, eins nach dem anderen tun, Moment für Moment, um die Komplexität des Alltags zu verringern.

Was den Umgang mit diesen aufkommenden „Fehlern" oder „normabweichenden Verhaltensweisen", wie ich sie gerne nenne, angeht, so ist es wichtig, stets wertschätzend dafür zu sorgen, Betroffenen einerseits helfen zu können, sie andererseits aber auch nicht zu bevormunden. „Fehler sind wichtig", versucht auch Papa mich immer zu beschwichtigen, wenn mir der eine oder andere Fauxpas passiert.

Ich versuche mich auch in jeder Situation daran zu erinnern, welche Mühen mein Papa und viele andere Betroffene auf sich nehmen, wenn sie „ihre Fehler" bemerken. Sie kommen dann oft an ihre eigenen Grenzen, und trotzdem entwickeln sie noch Strategien, um die Frustration über ihr eigenes Selbst nicht ins Unermessliche steigen zu lassen.

Wenn sich dann Verhaltensweisen häufen, die ernstzunehmende Konsequenzen nach sich ziehen könnten (den Herd nicht abschalten oder brennende Zigaretten vergessen sind Paradebeispiele), dann verlangt dies auch von den Angehörigen oft sehr viel

Fingerspitzengefühl. Je nachdem, wie sehr sich Betroffene generell helfen lassen und wie es Angehörige dabei schaffen, auf sie einzugehen, ist der Umgang damit manchmal leichter und manchmal auch sehr schwer. Ohne daher eine pauschale und immer gültige Herangehensweise empfehlen zu können: Ich finde es jedenfalls wichtig, dass man sich bei dem eigenen Umgang mit „Fehlern" Gedanken macht.

Dabei sollten sich Angehörige nicht zu sehr bei der Frage aufhalten, ob sie denn alles „richtig" machen. Vielmehr sollten wir alle zu dem Schluss kommen dürfen, dass es die eigene innere Haltung sein muss, die stets mehr wiegt als irgendeine Verhaltensstrategie eines noch so fundierten Ratgebers. Oder wie Papa sagen würde: „Gefragt ist allgemeine Intelligenz, und dazu muss man nicht studiert haben. Man muss wissen, was wirklich wichtig ist."

Leider beschäftigen wir uns als Gesellschaft im Allgemeinen oft noch zu sehr damit, „Negerküsse" von Dessertkarten verschwinden zu lassen oder rhetorische Zungenbrecher zu erschaffen, um nicht „Behinderte" sagen zu müssen. Durch zu viel „political correctness" verlieren wir dabei gerne den Bezug zu den einfachen Dingen. Zu jener Menschlichkeit, die sich eben viel eher durch die innere empathische Haltung als durch irgendein vorgegebenes Vokabular bestimmt.

Wer einem anderen Menschen gut gesinnt ist, der wird ihm auch helfen können. Genauso wie es Papa nach wie vor macht, wenn er Rollstuhlfahrer ungefragt über Straßen schiebt oder geistig behinderte Menschen ebenso ohne Vorankündigung umarmt.

Abseits jener „korrekten Herangehensweisen" und meinem wissenschaftlichen Hintergrundwissen zum Trotz frage auch ich mich im Zusammenleben mit meinem Papa gerne, ob ich seine Herangehensweisen tatsächlich als „falsch" oder „richtig" oder eben einfach als „anders" beschreiben würde. Die Sichtweise, dass an Demenz erkrankte Menschen Dinge schlichtweg „anders" machen, hilft mir persönlich sehr.

Freie Räume schaffen

~

Genauso wie auch Papa gerne „normal" behandelt werden möchte, ist es unsere Familie, die viel Wert darauf legt, ein „normales" Leben weiterführen zu können. Ein Leben, in dem jeder seine Freiräume erhalten darf. Und obwohl die Zeit, die wir alle mit Papa verbringen, sehr intensiv ist, versuchen wir, auch Abstand zu gewinnen. Uns diesen vielmehr gegenseitig zu gewähren.

So hat sich beispielsweise Mama vor zwei Jahren dazu entschlossen, wieder einem Beruf nachzugehen. Sie war jahrelang für uns Kinder zu Hause geblieben oder hatte Papa bei seiner Büroarbeit unterstützt, aber nun wollte sie auch für sich selbst wieder etwas tun. Schließlich ist sie im Moment auch diejenige in unserer Familie, die weitaus am meisten Zeit mit Papa verbringt. In ihrer Rolle als Ehefrau muss sie sich auch ganz anderen Herausforderungen stellen, als es meine Schwester und ich in unserer Rolle als Töchter tun. Mittlerweile arbeitet sie während der Wintermonate im Selbstbedienungsrestaurant ihrer guten Freundin Buja. Hoch oben auf dem Berg, liebt sie es anzupacken und sich dabei so richtig auszupowern. Weil ihr diese körperliche Arbeit sehr guttut. Und auch weil es ihr egal ist, dass sie als ehemalige „Trainerfrau" – die sie eben nie richtig gewesen ist – gut betuchten Skiurlaubern hinter dem Tresen ihre warmen Speisen ausschenkt, auch ohne dafür ein freundliches „Danke" zu ernten.

Papa jedenfalls unterstützt ihre Freude an dieser Arbeit nach wie vor sehr. „Das ist genau das, was sie braucht. Die Mädls geben Gas da oben", freut er sich für Mama. Die Art und Weise, wie sich Mama damit ihre Freiräume schafft, zeigt einmal mehr, dass es auch ihr nicht auf den Schein, sondern vielmehr auf das Sein ankommt. Ihr ist ihr eigenes Sein wichtig.

Sich selbst wichtig zu nehmen, möchte ich auch allen Angehörigen besonders ans Herz legen. Trotz aller Liebe und Fürsorge, die sie den geliebten Menschen, die an einer Demenz erkrankt sind, durch ihre Unterstützung und Hilfe entgegenbringen, sollten sie nie auf sich selbst vergessen. Vielmehr sollten Angehörige genauso versuchen, ihr Leben zu leben, sich Freiräume zu schaffen, Dinge zu tun, die sie lieben und die ihnen Kraft und Energie geben. Und das alles, ohne dabei ein schlechtes Gewissen zu haben.

KAPITEL 16

Schmetterlingsgedanken

„Was soll uns denn schon passieren, die wir, und das auch noch freiwillig an einem Freitag, dem 13., geheiratet haben", hatte sich Mama vor Jahren bei einem ihrer wenigen Interviews über ihr gemeinsames Leben geäußert. Heute bin es nun ich in meiner Rolle als Tochter, die versucht, auf das einzugehen, was passiert ist. Ich habe mich gleichzeitig darum bemüht, zu vermitteln, dass auch wir so zu leben versuchen wie andere Menschen auch. Ich hoffe, dass die Einblicke, die ich gewährt habe, zu mehr Verständnis beitragen. Ich habe dieses Buch jedoch in der Gewissheit geschrieben, dass ich wohl weder für mich und uns noch für die Menschen da draußen alles werde beantworten können. Dennoch hoffe ich, dass es mir gelungen ist, ein einigermaßen klares Bild zu vermitteln. Von uns als Familie. Von unserem Umgang mit Papas Erkrankung und von unserer Sicht auf das Leben. Auch von der Liebe und Dankbarkeit, die wir füreinander bis heute verspüren.

„Was soll ich sagen, ich hab den besten Mann der Welt. Er ist meine große Liebe, und ich bin stolz, seine Frau zu sein", stellt

Meine Eltern an ihrem 27. Hochzeitstag
am 13. September 2018
Foto: Constantini

Mama fest. Und Papa erkundigt sich auch an unseren Papa-Tochter-Tagen nach ihr: „Wo ist die Irmy?", fragte er gleich, als ich ihn erst vor Kurzem von seiner wöchentlichen Stammtischrunde abgeholt hatte. „Sie ist heute einkaufen. Bald hat ja jemand Geburtstag", antwortete ich und spielte auf seinen anstehenden Fünfundsechziger am 30. Mai 2020 an. „Na, die Irmy ist schon super. Sie ist wirklich das Beste, was uns passieren hat können", meinte Papa darauf.

～

Diese letzten Zeilen meines Buches schreibe ich nun an jenem 30. Mai, Papas Geburtstag. Papas Unfall ist nun ein knappes Jahr vergangen. Im Laufe dieses Jahres sind wir als Familie nicht nur noch weiter zusammengerückt und konnten viele neue Erfahrungen machen, sondern wurden auch vor allerhand Herausforderungen gestellt und mit vielen Aufgaben konfrontiert. Um nach wie vor täglich zu versuchen, das Beste aus unserem Leben zu machen. Aus einem Leben, das schon bald durch neues Leben bereichert wird.

Denn während wir Papa dieser Tage des Jahres 2020 feiern, wächst meine Tochter jeden Tag ein klein wenig mehr in meinem Bauch heran. Wegen ihrer zarten Bewegungen, die ich immer mal wieder an meiner Bauchdecke spüre, lässt sie mich an die kleine Raupe denken, die ich vor einem Jahr getroffen habe. An meinen hellgelben Wegbegleiter, der mittlerweile zu einem prachtvollen Schmetterling geworden sein muss, dessen Flügelschlag sich wohl auch mit diesen ersten Gymnastikübungen meiner Tochter vergleichen lässt.

Auch meiner Tochter schreibe ich bereits. Regelmäßig schreibe ich Briefe an sie, um ihr schon heute davon zu berichten, was sie in ihrem Leben erwarten wird. Vor allem, wer auf sie warten wird. Ich schreibe ihr von ihrem Papa, von ihrer Tante und ihrem Onkel, von ihren Omas und auch von ihren Opas.

Und weil ihr Opa Didi sie bereits so sehnsüchtig erwartet, erzähle ich ihr davon, was ihn ausmacht. Warum ich stolz bin, ihn meinen Papa nennen zu dürfen, und was ich an ihm liebe. Ich schreibe ihr nicht von seiner Erkrankung, von den Einbußen seiner einstigen Fähigkeiten. Vielmehr schreibe ich ihr von meinem Papa als Menschen, von seinem Wesen, von unseren Erlebnissen und von seinen Gedanken, die mir stets im Ohr klingen und mich auch durch mein Leben leiten. Ich erzähle ihr von seinen tollen Eigenschaften und davon, was auch sie an ihrem Opa einmal sehr stolz machen wird.

Während ich ihr davon berichte, was mein Papa und meine Mama uns Kindern Zeit unseres Lebens ermöglicht haben, hoffe ich, meiner Tochter eines Tages eine genau so gute Mama sein zu können. Genau so, wie ich mir von Herzen wünsche, dass mein Papa ihr noch viele Jahre ein so großartiger Opa sein wird, wie er mir schon Zeit meines Lebens ein großartiger Papa gewesen ist. Ein Opa, der seiner Enkelin vielleicht nicht mehr die Welt erklären, sie aber mit ihr aufs Neue erkunden wird. Für meine Tochter wünsche ich mir, dass sie an ihrem Opa dabei keine Fehler, sondern vielmehr die freien Denkansätze, die toleranten Haltungen und die unbändige Motivation, immer neugierig zu bleiben, erkennt. Wie er es einst auch seinen Kindern so wunderbar zu vermitteln wusste. Deshalb erzähle ich meiner Tochter auch weiterhin von ihrem Opa. In der Hoffnung, sie möge ihn eines Tages an all das erinnern.

Und sollte dem nicht so sein, sollte mein Papa irgendwann zur Gänze in seine eigenen Gefühlswelten entgleiten und uns mit keiner Regung seines Selbst mehr als seine Familie erfassen können, so wird er und alles, was ihn ausmacht, zumindest in unserer Erinnerung niemals vergessen sein.

„Indianer, mia zwoa. Und die Dritte is im Bauch.“

~

Danke

Lange Zeit habe ich geschrieben und geschrieben, ohne mir jemals sicher gewesen zu sein, ob ich dieses Buch tatsächlich verlegen lassen könnte. Über Alex Pointner, dem ich an dieser Stelle auch als Freund unserer Familie für seine Freundschaft danken möchte, bin ich schließlich zu Maria Seifert und dem Seifert Verlag gekommen. Maria möchte ich daher ganz besonders für ihre sehr einfühlsame und angenehme Art danken, ohne die dieses Buch sicherlich nicht in der Form veröffentlicht worden wäre. Nicht immer war es im Zuge dieses Buchprojekts schließlich einfach, die Balance zu halten. Die Balance zwischen der Offenheit, um anderen Betroffenen und Angehörigen helfen zu können, und dem Bewahren der Privatsphäre von uns als Familie und allen voran von Papa. Dank Maria ist mir dieser Balanceakt umso leichter gelungen.

Das Gleichgewicht zu halten galt es für unsere Familie bereits zuvor. In jenen Jahren, in denen sich Papa zurückgezogen hatte und auf Unterstützung angewiesen war, standen uns viele Menschen zur Seite. Jenen Menschen, und nicht zuletzt auch den Ärzten, Psychotherapeuten, Psychologen, Anwälten, den Krankenschwestern und Pflegern, die sich nach Papas Unfall um ihn gekümmert haben, gilt mein besonderer Dank! Auch der Familie, die ebenso in den Unfall vom 4. Juni 2019 verwickelt worden war, danke ich dafür, wie sie mit dieser herausfordernden Situation umgegangen ist.

Papas und unseren gemeinsamen Freunden und Wegbegleitern, die ihn nicht nur am Krankenbett besucht haben, sondern die ihn auch heute noch im alltäglichen, „normalen" Leben begleiten, möchte ich ebenfalls danken! Dafür, dass sie Papa und uns als Familie jene Normalität erst ermöglichen! Dafür danke ich Simi und Heinz, Helli, Moni und Andi mit Familie, Geli und Konzi, Dani, Christian, Isi, Susi, Papas Brüdern Oskar, Elli und Germar mit ihren Familien, Kerrin & Max, Maria & Walter, Sandra & Matthias, Sonja & Benni, Sabi & Christopher, Silvia & Perus, Steffi, Claudia & Ernstl, Jacko, Buja, Mucky, Günther, Silvia & Andi, John, Herbert, Gerhard, Hubert, Hannes, Herbert, Manfred, Judy & Peter, Marianne, Ruth, Klaus, Evi & Michl, Hans, Toni, Alex, Stelios & Yannis, Markus, Ricky & Ernst, Musha, Helli, Dominik, Pascal, Silvia & Richard, Erich, Roli und der gesamten „Blackhorse-Runde", Martin, Peter, den Golffreunden, den lieben Nachbarn in Telfes sowie allen, die Papa von überall auf der Welt anrufen, um alte Freundschaften nicht in Vergessenheit geraten zu lassen. Genauso wie ich unserer Wiener Frech-Familie danken möchte: Susi & Andreas, Moriz, Sophie, Sebastian, Lillibeth und allen voran meiner Oma Friedi, die sich als „Stammesälteste" stets rührend um Papa bemüht, sowie der erweiterten Wiener Familie, die auf der ganzen Welt verstreut ist. Ebenso wie unseren durch Lenis und meine Partner neu gewonnenen Familien in Tirol: Matthias mit Sonja, Martin und Thommy sowie Sebastian mit Waltraud, Christian und Christoph.

Unseren ägyptischen Brüdern Maruan und Hatem und ihren

Eltern Susi & Tamer sowie Christl, Rudi und Annette und allen lieben Nachbarn in Sharm el Sheikh.

Ich danke darüber hinaus allen Postboten, Supermarktangestellten, Kellnern, Radfahrern, Fußgängern, Schaffnern, Polizisten, Busfahrern, Eisverkäufern, den lieben Menschen und Freunden im Stall, Inga, Simone, Jürgen, Hans, Fabienne und allen, denen ich auf meinen Wegen mit Papa noch begegne und die stets rührend nach seinem Befinden fragen oder einfach nur mit ihm scherzen. Ganz besonders danke ich auch meinen Freunden für ihre Hilfe und Unterstützung. Dafür, dass sie zuhören oder einfach da sind und bei gemeinsamen Ausflügen auch meinen Papa gerne mit offenen Armen begrüßen. Lisl, Helga und Anton, Sevi, Resi und Christian, Mirjam, Anja, Iris, Sarah, Domi, Nina, Vera, Vicky, July und auch den vielen lieben und neu gewonnenen Freunden von Matthias.

Genauso wie ich allen danke, die mir bei der Erstellung dieses Buches bereits so tolle Mitleser und Zuhörer gewesen sind. Helga, Mama, Leni, Papa, Matthias, Heinz, Lisl, Alex, Iris.

Ich danke vor allem auch Josef Marksteiner für die Bereitschaft zur Verfassung eines Vorwortes und die damit einhergehenden Gespräche zu Chancen und Herausforderungen im Hinblick auf das Krankheitsbild der Demenz.

Marlena Rimml danke ich für die Ermöglichung von Terminen und Gesprächen. Ebenso danke ich Christina Happel, Ernst Happel jun., Heinz Palme, Hannes Reichert und Harald Strutz sowie allen Journalisten, Pressefotografen, Archivmitarbeitern und Verlagshäusern, die mir für Fragen aus früheren Zeiten Rede und Antwort gestanden und mich mit allerhand Material versorgt haben.

Ich danke allen, die Bilder und Archivmaterial zur Verfügung gestellt haben, um dieses Buch zu dem werden zu lassen, was es schlussendlich geworden ist!

Ich danke Susann für das erste Interview zur Veröffentlichung und allen, die auch weiterhin zur Verbreitung dieser Zeilen beitragen.

Ich danke meinen Klienten, die mir ihr Vertrauen schenken und mich jeden Tag aufs Neue lernen lassen, sowie all meinen bisherigen Arbeitgebern für die vielen Erfahrungen, die ich im Zuge meiner Tätigkeiten stets machen durfte. Weil das Beste bekanntlich zum Schluss kommt, danke ich nochmals meiner Familie. Ich danke meinem geliebten Papa, der mich unsere Momente jeden Tag aufs Neue mehr denn je genießen lässt. Ich danke meiner geliebten Mama, die mir Zeit meines Lebens eine so tolle Freundin, Mentorin und Mama ist. Ich danke meiner geliebten Schwester Leni, von der ich noch so viel lernen und mit der ich so viel lachen kann. Meiner Tochter danke ich schon jetzt für den Sonnenschein, den sie in unser Leben bringt. Und nicht nur dafür danke ich meiner großen Liebe Matthias. Viel mehr noch, für seine große Liebe.

∼

Quellen

Fotos

Die Autorin und der Verlag danken an dieser Stelle allen Fotografen und Archiven, die Fotos für dieses Buch zur Verfügung gestellt haben.

Fotografen und Archive sind in der jeweiligen Bildunterschrift angegeben.

Bücher und Magazine

Hengl, M. 2014. Berührende Begegnungen. Studienverlag: Innsbruck / Wien

Kasper S., et al. 2015. Demenzerkrankungen. Medikamentöse Therapie. Konsensus-Statement – State of the art 2015. CliniCum neuropsy, Sonderausgabe November 2015

Leyhe, T. & Land, U. 2013. Demenz und Depression – eine schwierige, aber wichtige Differenzialdiagnose. Psychiatrie und Neurologie. 3/2013

Spitzer, M. 2018. Die Smartphone-Epidemie. Gefahren für Gesundheit, Bildung und Gesellschaft. Klett-Cotta: Stuttgart

Weltgesundheitsorganisation WHO. 2018. Towards a dementia plan: a WHO guide. Geneva

Links

Berufsverband Österreichischer Psychologen (2020) abgerufen von https://www.boep.or.at/aktuelles/detail?news_item_id=5ec7b3243c15c87a27000071

Berufsverband Österreichischer Psychologen. (2020). Abgerufen von https-//www.ots.at/presseaussendung/OTS_20191008_OTS0092/zeit-zu-handeln-mehr-psychische-gesundheit-in-oesterreich-spart-leid-und-geld-bild)

Rechnungshof Österreich (2020) abgerufen von https-//www.rechnungshof.gv.at/rh/home/home/Versorgung_psychisch_Erkrankter_SV.pdf)

Österreichischer Rundfunk (2020) abgerufen von https-//oesterreich.orf.at/stories/3030854/

Transfermarkt Österreich (2020) abgerufen von https-//www.transfermarkt.at/aleksandar-dragovic/profil/spieler/59032)

Anlaufstellen

für psychologische und psychotherapeutische Behandlungen in Österreich

Liste Klinische Psychologen in Österreich
www.klinischepsychologie.ehealth.gv.at

Liste Psychotherapeuten in Österreich
www.psychotherapie.ehealth.gv.at

für Informationen und weiterführende Links zum Thema Demenz
www.alzheimer-gesellschaft.at
www.alzheimer-selbsthilfe.at
www.geriatrie-online.at
www.demenz-portal.at
www.demenz-hilfe.at
www.sozialministerium.at/Themen/Pflege/Demenz.html
www.caritas-pflege.at/ratgeber/demenz/
www.roteskreuz.at/gesundheit/gesundheit-und-sicherheit-im-alltag/demenz/
www.volkshilfe.at/was-wir-tun/positionen-projekte/pflege/demenzhilfe-oesterreich/
www.samariterbund.net
www.johanniter.at

für österreichweite Selbsthilfegruppen
www.gesundheit.gv.at/service/gesundheitssuche/selbsthilfegruppen

für nationale & internationale Initiativen
www.demenzstrategie.at
www.who.int/mental_health/neurology/dementia/guidelines_risk_reduction/en/

für Informationen zum Erwachsenenschutzgesetz
www.justiz.gv.at/home/buergerservice/erwachsenenschutz~27.de.html

„Indianerkinder" waren wir für unsere Eltern schon immer.

Foto: Constantini

Mit Leni, Mama und Papa in meiner Praxis im Jahr 2019

Foto: Constantini

Urlaube treten Papa und ich gerne noch gemeinsam an (wie dieser Schnappschuss aus dem Jahr 2019 in Sharm el Sheikh zeigt).

Foto: Constantini

Im Jahr 2018 ging es in der zweiten Heimat Sharm el Sheikh ebenso entspannt zu.
Foto: Constantini

Auch während seiner aktiven Karriere besuchte uns Papa, wann immer er konnte, auf Reitturnieren.
Foto: Constantini

An ruhigeren Tagen genießt Papa sein Zuhause in Telfes im Stubaital.
Foto: Constantini

Eine schöne Erinnerung an einen unvergesslichen Papa-Tochter-Trip in die USA im Jahr 2016
Foto: Constantini

Mit Papa beim Fußballcamp in Ischgl im Jahr 2018
Foto: Constantini

Papa mit Freund und Golfkollege Andi im Jänner 2020
Foto: Constantini

Wenn unsere Welt Kopf steht, gilt es neue Perspektiven einzunehmen.

Foto: Constantini

Papa und Leni im Jahr 2014
Foto: Constantini

Der Sheriff von Nottingham mit seinen wilden Hennen. Papa, Leni und ich bei einer Hochzeit im Jahr 2017
Foto: Constantini

Ein Papa-Tochter-Schnappschuss aus dem Jahr 2020

Foto: Constantini

Gemeinsame Momente schätzen wir sehr.

Foto: Constantini

Papas Dreimäderlhaus

Foto: Constantini

Mama und ich gemeinsam in Tirols Bergen im Jahr 2017

Foto: Constantini

Sich miteinander den Spaß und die Freude behalten – wohl eine unserer wichtigsten Strategien

Foto: Constantini

Mit meiner Schwester Leni verbindet mich sehr vieles. Nicht nur auf Reisen (wie hier in Hamburg) ...

Foto: Constantini

… und auch das Zuhause in Tirol.

Foto: Constantini

Leni und ich bemühen uns, jedes Jahr eine neue Stadt gemeinsam zu erkunden ...

Foto: Constantini

Während sich andere schon früh wunderten, konnten wir glücklicherweise immer über wagemutige Outfits lachen.

Foto: Constantini

Mit meiner großen Liebe Matthias in Berlin im Sommer 2019
Foto: Constantini

Fernab der Heimat unterwegs in Kambodscha
Foto: Constantini

Ob ruhige See oder wilde Gewässer. Als Familie schaffen wir so einiges.
Foto: Constantini

Mit Matthias und unserem Vierbeiner Aby in den Tiroler Bergen
Foto: Constantini

Unsere Partner Matthias und Sebastian bereichern nicht nur Lenis und mein Leben, sondern unsere gesamte Familie.

Foto: Constantini

Gemeinsam gibt es bei uns viel zu lachen.

Foto: Constantini

Mit Leni und unseren Hunden Aby und Nuka im Sommer 2019
Foto: Constantini

Zusammen lachen, weitermachen
Foto: Constantini